MOTORCYCLES
& STARS

TECTUM
PUBLISHERS

INDEX

"FOUR WHEELS MOVE THE BODY.
TWO WHEELS MOVE THE SOUL"

(ANONYMOUS)

Ray Amm
Norton Manx 500

INTRODUCTION

It doesn't matter who you are. The engine is what counts. That's the way it has always been, ever since the motorbike was a primordial mechanical insect, enveloped in a cloud of black smoke, skittering along dusty roads. A skinny velocipede with spluttery pistons that was transformed by pioneering visionaries into a steel horse, a chrome sensation, a marvel of aerodynamics. In the early twentieth century, as the world was fast heading for progress, without looking back, motorbikes became the symbol of rapidity, desire, evasion, the frontier, alacrity, wonder and speed...In your face, noisy, roaring speed. No limits. The noise. The rumble. The sound. The cacophony. Four strokes raring to go. Two strokes biting the tarmac. The road is endless, the destination unimportant. You can feel the saddle vibrate, and with it your muscles, and your heart. You can smell earth, gravel, tar. Lanes, dirt tracks and motorways. You can escape, too. A motorbike is a gateway to a wild world, sensual and ready and waiting. Man overcame distance, and fell in love with the machine, creating an object of dynamic beauty. Accelerate and listen. The engine responds. Accelerate again, to infinity: no limits, no rules. The inner workings are transformed into pure sound, an orchestra, the poetry of modernity. You can feel the wind, the sand, the driving rain, down your neck, getting you wet...*I'll stop after the next mile,* you think. But nothing can stop you. The motorbike travels through a stormy world. It brings the restless together and makes them brothers around a petrol pump. Suddenly you can smell sea air or taste the dessert and you understand that it is pure mechanical magic, the stuff of valves and tyres, forks and brakes, pedal cranks and bolts, steel and sheet metal. The silencer sizzles in the desert sun. And burns the skin in the freezing cold. The bike expels thick but vital fumes. The power discharges onto the asphalt, through the legs, the muscles, the soles of your boots. Biceps on the handlebars, leather gloves on the grips, accelerating and braking. Reflexes honed and gaze fixed to the distance. You are in control, shooting off, dominating. The road is endless. In your wake are fumes and asphalt and land and dunes and stones. You eat up the world in silence, mile after mile, gripping the handlebars. You can be a megastar or a window washer, but in the saddle you're a hero, a demigod. Powerful. Zipping down a straight stretch of road. Taking risks. Feeling the fear. Time grinding on. Travelling wildly and creating a stir. Wonder, envy. Desire and equality. Every man is equal in the saddle. But women have beauty on their side. Femininity. Freedom pulsating under their short skirts, at last short enough for riding, and biker trousers that let them ride like ancient Amazons, valkyries of our time. Provocative and free. Because the bike is female when it heats up, calls out for gas, a quick touch on the brakes before a bend, opening up on a straight, with that seductive silhouette that makes it an impeccable companion in an eternal photograph. Unforgettable. A legend. But the engine is male, in its strength, power and performance. It needs attention, care and precision. A mechanical heart that beats with an almost human urgency. It is a dream, love, freedom, a revolution. Every decade, every era, has a new motorbike and a rider that became its symbol and banner. The merit—or fault?—of music, films, books, design... Modern heroes brandish steel and chrome at the gates of Troy, which is now in California, or Shanghai. Speed, rebellion, sexual liberation, riots, repression, the police, borders, evasion, chases, thrills, bets won at finishing lines, a laid-back scooter ride. And everywhere, always that smell of tar and petrol that dilates your nostrils and thrills your skin. The aristocrats of the early twentieth century, flaneurs, daredevils, heroes and wasters consumed by the passion for the engine-powered velocipede, make way for youngsters, filmstars, protesters; a world that from Europe to America to the Asian steppe to the slopes of the Japanese volcanoes, is starting to take to the road, conquering the air and the wind. Motorbikes are like air to breathe, perpetual youth. Memories. They make you forget the weight of years, the social conventions, roles, titles, crowns, coats of arms, bank accounts. Motorbikes make celebrities seem just like us, or rather they make us feel like them. They level the sublime and the ordinary, until all are dusty, real, almost animalesque. Wild. All you need to do is turn up the gas, what counts is the road and how you hold it. It's easy to get enslaved to this dream, a dream that demands rules, precision, maintenance. What it offers in exchange is eternity. The traveller's secret: it doesn't matter where you're going, the important thing is to leave the world behind you. Air, space, infinity. Like children getting out of school. You mount a bike to be free, even just for the duration of a short trip. Bikers are always travellers, never tourists. Always free spirits, even when hidden in a uniform, trapped in a role, labelled. It couldn't be any other way, when riders mount their steel horses. This is why every bike comes to represent its rider in some way. Some have been unsaddled by history, some have been carried off on a gust of wind, but some have stayed in our hearts for ever. Roaring hearts. Burning asphalt. Soundtrack: the raging guitars of Steppenwolf's "Born to Be Wild". Destination: the world. And beyond.

Michele Marziani

John Surtees
MV Agusta 350 (1957)

INTRODUCTION

Peu importe qui vous êtes, seul le moteur compte. Il en a toujours été ainsi depuis que la moto s'est révélée être un insecte mécanique de premier ordre, enveloppé d'un nuage de fumée noire, à une époque où les routes que nous connaissons aujourd'hui étaient encore inexistantes. Un frêle vélocipède doté de pistons grésillants s'est vu transformé par plusieurs pionniers visionnaires en un cheval d'acier habillé de chrome, une véritable merveille d'aérodynamique. Au début du XXe siècle, alors que le monde avait entamé – sans le moindre regret – sa course folle vers le progrès, les motos sont devenues le symbole de la rapidité, du désir, de l'évasion, de l'extrême, de l'alacrité, de l'émerveillement et de la vitesse… Devant vous, s'élevait désormais la perspective d'une vitesse rugissante et tumultueuse. Plus aucune limite. Le bruit. Le grondement. Le son. La cacophonie. Quatre temps pour piaffer d'impatience. Deux temps pour mordre le macadam. La route est infinie, la destination sans importance. Vous pouvez sentir la selle vibrer, et avec elle, vos muscles et votre cœur. Vous pouvez humer la terre, le gravier, le bitume, de même que les petits chemins, les circuits boueux et les autoroutes. Vous pouvez également prendre votre envol: une moto est une porte d'entrée vers un monde sauvage, sensuel, prompt et enthousiaste. L'homme est parvenu à vaincre la distance et est tombé amoureux de ce véhicule automobile, créant ainsi un objet de beauté dynamique. Accélérez et écoutez. Le moteur vous répond. Accélérez encore, à l'infini: il n'y a aucune règle, aucune limite. Les rouages intérieurs sont transformés en son pur, un orchestre exprimant la poésie de la modernité. Vous pouvez sentir le vent, le sable, la pluie battante s'écouler le long de votre col, provoquant une douce sensation de fraîcheur… «Je m'arrêterai au prochain mile», penserez-vous. Non, car rien ne peut vous arrêter. La moto s'aventure à travers un monde tumultueux. Elle rassemble tous les rebelles qui fraterniseront au détour d'une pompe à essence. Vous pouvez sentir l'air de la mer et saisir à quel point cet engin relève d'une pure magie mécanique, faite de soupapes et de pneus, de fourche et de freins, de manivelles et de vis, d'acier et de plaques de métal. Le pot d'échappement grésille sous le soleil du désert. Il brûle aussi la peau par un froid glacial. La moto inspire lourdement pour ensuite laisser s'échapper un flot de vapeurs d'essence. Elle décharge sa puissance sur l'asphalte, les jambes, les muscles, et enfin, les semelles usées – comme lorsque vous marchez. Les biceps cramponnés au guidon, les gants de cuir vissés aux poignées, s'ensuivent alors une série d'accélérations et de freinages. Les réflexes sont aiguisés et le regard fixe la distance. Vous avez le contrôle, vous démarrez en trombe, dominant la situation. La route est infinie. Derrière vous défilent les vapeurs d'échappement, l'asphalte, les terres, les dunes ou encore les pierres. Agrippé au guidon, vous absorbez le monde en silence, mile après mile. Que vous soyez une star incontestée ou un simple laveur de vitres, sur la selle, vous êtes un héros, un demi-dieu. Puissant. Arpentant une route en ligne droite. Prenant des risques. Ressentant la peur. Égrainant le temps. Voyageant à l'aventure, attisant les sensations: merveille, envie, désir… et égalité. En selle, les hommes sont tous égaux. Il n'en va pas de même pour les femmes, qui ont, pour elles, la beauté en plus. Elles sont plus féminines. La liberté trépidante flottant sous leur minijupe est perceptible. Leurs pantalons de motocyclistes leur permettent de conduire leur engin telles d'anciennes Amazones: ce sont les valkyries des temps modernes. Esprit et liberté. Parce que la moto est féminine lorsqu'elle se réchauffe, réclame des gaz ou de caresser rapidement les freins avant d'entamer un virage, lorsqu'elle se dévoile entièrement sur une ligne droite, avec sa silhouette séductrice faisant d'elle la compagne idéale sur une photographie éternelle. Inoubliable. Une légende. Mais le moteur reste, quant à lui, typiquement masculin dans sa force, sa puissance et sa performance. Il demande de l'attention, du soin et de la précision. Il est humain, il est le cœur mécanique qui a battu tout au long du siècle dernier. Il est un rêve, il est l'amour, il est la liberté… il est une révolution. Chaque décennie, chaque époque a vu une moto et un motocycliste devenir un véritable symbole et un porte-drapeau. Et ce, grâce – ou à cause de? – à la musique, au cinéma, à la littérature, au design… Les héros modernes brandissent l'acier et le chrome aux portes de Troie, que sont aujourd'hui la Californie ou Shanghai. Vitesse, rébellion, libération sexuelle, émeutes, répression, police, frontières, évasion, poursuites, frissons, paris remportés sur la ligne d'arrivée ou en défilant à toute vitesse lors d'une promenade en scooter. Et l'on retrouve partout cette odeur de bitume et d'essence qui titille les narines et fait frissonner. Les aristocrates du début du XXe siècle, les flâneurs, casse-cou, héros ou bons à rien dévorés par leur passion pour ce vélocipède motorisé ont fait place aux jeunes, aux stars de cinéma, aux protestations et à un monde qui, depuis l'Europe à l'Amérique en passant par les steppes d'Asie et les flancs des volcans japonais, est prêt à prendre la route, en domptant l'air et le vent. Les motos sont comme l'air que l'on respire, elles conservent une perpétuelle jeunesse. Elles incarnent de précieux souvenirs. Elles vous font oublier le poids des ans, les conventions sociales, les rôles, les titres, les couronnes, les blasons, les comptes bancaires. Les motos donnent aux célébrités des allures humaines, plus proches de nous, ou plutôt elles nous permettent de nous sentir comme elles. Les motos subliment l'homme en tant que tel, même l'inutile devient poussiéreux, concret, presqu'animalesque. Sauvage. La seule chose que vous ayez à faire est de mettre les gaz. C'est ensuite la route qui importe et la manière dont vous l'appréhendez. Il est facile de se plonger à corps perdu dans ce rêve; un rêve qui requiert néanmoins des règles, de la précision, ainsi qu'une maintenance. Mais ce qu'il peut offrir en échange est l'éternité. Le secret du voyageur: peu importe l'endroit où l'on désire se rendre, la chose qui compte est de quitter le monde qui se trouve derrière soi. Air, espace, infinité. Tels les enfants qui sortent de l'école, vous enfourchez une moto pour être libre, même le temps d'un court voyage. Les motocyclistes sont toujours des voyageurs, jamais des touristes. Ils restent toujours des esprits libres, même s'ils sont revêtus d'un uniforme, cantonnés dans un rôle, voire «étiquetés». Il ne peut en être autrement, lorsqu'un motocycliste prend place sur son cheval d'acier. C'est la raison pour laquelle chaque moto finit, d'une certaine manière, par incarner son propriétaire. Certains ont certes été détrônés par l'histoire, d'autres emportés par une rafale de vent, mais il reste ceux qui occuperont pour toujours une place dans nos cœurs. Des cœurs rugissants, brûlant l'asphalte avec en fond sonore les guitares déchaînées du tube des Steppenwolf, *Born to be wild*. Destination: le monde… Et au-delà.

Michele Marziani

Marlon Brando in "The Wild One"
Triumph Thunderbird 650

Clark Gable
Ariel Square Four 1100

James Dean
Triumph TR5 TRophy

Mamie Van Doren
Vespa 125 (1958)

INLEIDING

Wie je bent, heeft geen belang. Enkel de motor telt. Zo is het altijd al geweest, van toen de motorfiets een mechanisch oerinsect was, gehuld in een wolk zwarte rook, in een wereld waar zelfs nog geen wegen waren. Een schriel rijwiel met sputterende kleppen dat door visionaire pioniers werd omgebouwd tot een stalen ros, een chroomsensatie, een aërodynamisch wonder. In het begin van de twintigste eeuw, toen de wereld snel en zonder achterom kijken evolueerde, werden motorfietsen het symbool van snelheid, verlangen, vlucht, plezier, verwondering en snelheid... Nadrukkelijk, luidruchtig en met brullende snelheid. Geen grenzen. Het lawaai. Het geraas. De klank. De kakofonie. Een viertakt die niet kan wachten om te vertrekken. Een tweetakt die in het asfalt bijt. De weg is eindeloos, de bestemming doet er niet toe. Je kunt het zadel voelen trillen en tegelijk je spieren en je hart. Je ruikt de aarde, het grind en de teer. Lanen, aardewegen en snelwegen. Jij kunt ook mee vertrekken. Een motorfiets is een poort naar de wijde wereld, sensueel, bereid en startklaar. De mens overwon afstand, werd verliefd op het motorvoertuig en creëerde een object met een dynamische schoonheid. Accelereer en luister. De motor antwoordt. Accelereer opnieuw tot in het oneindige: geen grenzen, geen regels. Het binnenwerk wordt omgevormd tot pure klank, een orkest, moderne poëzie. Je kunt de wind, het zand en de striemende regen voelen in je nek, en je wordt nat... Het zal na de volgende kilometer wel stoppen, denk je. Maar niets kan jou stoppen. De motorfiets reist door een stormachtige wereld. Hij brengt de rustelozen samen en doet hen verbroederen rond een benzinepomp. Je kunt de zeelucht ruiken en je begrijpt dat het pure mechanische magie is, het materiaal van kleppen en banden, vorken en remmen, pedaalkrukken en bouten, staal en metaalplaat. De geluiddemper sist in de woestijnzon. Verbrandt de huid in de ijzige kou. De motor ademt dikke maar vitale dampen uit. De kracht ontlaadt zich op het asfalt en in je benen, je spieren, je afgesleten zolen. Afgemat als na lang wandelen. Biceps op het stuur, lederen handschoenen op de grepen, terwijl je versnelt en remt. Reflexen op scherp en blik op oneindig. Jij bent de baas, terwijl je wegstuift, domineert. De weg is eindeloos. Achter jou, uitlaatgassen en asfalt en land, zand-heuvels en stenen. Je verslindt de wereld in stilte, kilometer na kilometer, met de handen stevig aan het stuur. Je kunt een megaster zijn of een glazenwasser, maar in het zadel ben je een held, een halfgod. Macht. Terwijl je een recht stuk weg dichtritst. Risico's neemt. De angst voelt. Terwijl de tijd verglijdt. Onbezonnen reizen en voor beroering zorgen. Verwondering, afgunst. Verlangen en gelijkheid. We zijn allemaal gelijk in het zadel. Behalve dan de vrouwen, want zij hebben de schoonheid aan hun kant. Vrouwelijker. Ze voelen de vrijheid onder dat korte rokje kloppen. Met een motorbroek kunnen ze rijden als de vroegere amazones, hedendaagse Walkuren. Temperament en vrijheid. Omdat de motorfiets vrouwelijk is wanneer hij opwarmt, vraagt om gas, bij een snelle aanraking van de rem vóór een bocht, optrekkend op een rechte lijn, met dat verleidelijke silhouet waardoor hij de onnavolgbare gezel wordt voor een eeuwige foto. Onvergetelijk. Een legende. De motor is echter mannelijk, in zijn kracht, vermogen en prestatie. Hij heeft aandacht, zorg en precisie nodig. Hij is menselijk, het mechanische hart dat klopt in de pas verstreken eeuw. Het is een droom, liefde, vrijheid, een revolutie. In elk decennium, elk tijdperk zijn er wel een motorfiets en een bestuurder die een symbool en een vlaggendrager zijn geworden. De verdienste - of fout? - van de muziek, films, boeken, design... Moderne helden zwaaien met staal en chroom aan de poorten van Troje, dat nu in Californië of Sjanghai ligt. Snelheid, rebellie, seksuele bevrijding, rellen, repressie, politie, grenzen, vlucht, achtervolgingen, kicks, weddenschappen die worden gewonnen aan de aankomstlijn of bij een ontspannen voorbijflitsend motorritje. Met altijd en overal die geur van teer en benzine die je neus openzet en je huid doet zinderen. De aristocraten van het begin van de twintigste eeuw, flaneurs, waaghalzen, helden en verkwisters die worden verteerd door hun passie voor motorfietsen, maken plaats voor de jongeren, filmsterren, opstandelingen; een wereld die van Europa tot Amerika over de Aziatische steppe tot de hellingen van de Japanse vulkanen, de weg begint in te nemen en de lucht en de wind verovert. Motorfietsen zijn zoals lucht om in te ademen, eeuwige jeugd. Herinneringen. Ze doen het gewicht van jaren, sociale conventies, rollen, titels, kronen, wapenschilden en bankrekeningen vergeten. Motorfietsen doen beroemdheden op ons lijken, of zorgen er misschien nog meer voor dat wij ons voelen zoals zij. Ze veredelen het menselijke en zelfs de nietsnut wordt stoffig, concreet, bijna dierlijk. Wild. Het enige wat je moet doen, is gas geven, wat telt is de weg en je wegligging. Het is gemakkelijk om in de ban te raken van deze droom, een droom die regels, precisie en onderhoud vergt. In ruil krijg je wel de eeuwigheid. Het geheim van de reiziger: het doet er niet toe waar je naartoe gaat, het belangrijkste is dat je de wereld achter je laat. Lucht, ruimte, oneindigheid. Zoals kinderen die de school verlaten. Je stapt op je motor om vrij te zijn, al is het maar voor een korte reis. Motorrijders zijn altijd reizigers, nooit toeristen. Altijd vrije geesten, zelfs wanneer ze schuil gaan achter een uniform, vast zitten in een rol, een etiket dragen. Het zou niet anders kunnen wanneer de motorrijders hun stalen ros bestijgen. Dat is de reden waarom elke motorfiets zijn bestuurder op de een of andere manier gaat typeren. Sommigen werden uit het zadel geworpen door de geschiedenis, sommigen werden meegevoerd door een windvlaag, maar anderen bleven voor altijd in ons hart. Luidruchtige harten. Brandend asfalt. Muziek op de achtergrond: de gierende gitaren van Steppenwolf in *Born to be wild*. Bestemming: de wereld. En verder.

Michele Marziani

Luis Miguel Dominguín and **Lucia Bosè**
Vespa 150 (1956)

Students of University of the Texas in Rome
Vespa 150 (1956)

The motorcyles of 1950s America are epitomised by the glossy Harley-Davidson and the Ducati Indian with its modified engine. Bikes were being wheeled out of garages on a dime by war veterans in search of new horizons, a chance at reconciliation with world and escape into the pure and simple pleasure of speed. Makers invested in more powerful carburettors and stripped away excess parts for lighter bikes with better handling. Little by little, the Bob Job of the 1940s morphed into the chopper. These curvaceous, roaring beasts were mounted by modern knights in jeans, t-shirts and leather jackets. It was on a motorcycle that America was first introduced to the man who would usher in the new archetype of the modern anti-hero. The year was 1953, the film was *The Wild One*, and the actor was Marlon Brando, who exploded onto the silver screen on a 1950 6T Triumph Thunderbird. A rebel and a loner, Brando's Johnny became a point of reference for legions of restless youth at home and abroad. Triumphs like Brando's, exported en masse as a means of paying off war debt, were the fastest and thus the most coveted motorbikes overseas. These great-handling, speedy bikes won the hearts of many, including another youthful brooder, James Dean. Dean's love of motorcycles began with a 1947 CZ 125 and his passion for bikes grew rapidly, as his equally fast-track film career put him in the saddle of a shell blue Triumph T110. This was then replaced by a more powerful Triumph TR5 Trophy, the transition model towards what was set to become the British maker's crowning achievement, the Bonneville, a motorcycle with an enlarged 650 cc two-cylinder engine. The stunning 1955 Triumph Bonneville was created to satisfy American riders used to travelling long distances, like the famed Bonneville Salt Flats raceway of the Great Salt Lake Desert. This model held the world speed record for over a decade. The motorcycle mystique surrounded another American icon: Elvis Presley. Legend has it that Elvis's mama refused to buy him a bike, opting instead for the more economical guitar. Thus, the King of Rock 'n' Roll was born. Appearing on motorcycles in a number of his films and an avid collector in real life–he loved his 1956 Harley-Davidson Dresser–the machine, the man and the music represented the sense of freedom and rebellion espoused by the Presley persona.

Les Harley-Davidson bien lustrées et les Indian intégrant un moteur modifié incarnent pleinement l'Amérique des années 50. À cette époque, les motos sont rapidement sorties des garages par les vétérans de guerre en quête de nouveaux horizons – de vastes horizons pour les yeux et l'esprit leur permettant de s'évader et de se réconcilier avec le monde, mais aussi de goûter au pur plaisir de la vitesse. On investit alors dans de nouveaux carburateurs plus puissants et les pièces superflues sont supprimées pour donner lieu à des motos plus légères et plus facilement manœuvrables. Petit à petit, le *Bob Job* des années 40 se métamorphose en chopper. Les rues américaines s'embrasent à la vue de l'éclat des moteurs des Harley, dessinant la lumière et les ombres d'un pays en mal de héros: ces bêtes rutilantes et plantureuses sont montées par des chevaliers modernes en jeans, tee-shirt et blouson de cuir. Et c'est également sur une moto que l'Amérique fait la connaissance d'un Marlon Brando sombre, qui allait consacrer le nouvel archétype de l'antihéros moderne. Nous sommes en 1953, le film s'intitule *L'équipée sauvage* et Brando, qui joue le rôle d'un leader d'un gang de motards, crève l'écran sur sa 6T Triumph Thunderbird datant de 1950. Rebelle fier et solitaire, *Johnny* devient un modèle pour des milliers de jeunes et mal d'avenir et fait naître un sentiment d'espoir parmi les laissés-pour-compte du boom américain. Les Triumph, exportées en masse afin de renflouer la dette de guerre, sont les motos les plus rapides et donc, les plus prisées et les plus convoitées à l'étranger. Ces engins nerveux et très facilement manœuvrables gagnent le cœur de nombreux passionnés parmi lesquels la légende du cinéma américain, James Dean. Son amour des motos naît aux commandes d'une CZ 125 de 1947 et se mue très vite en une véritable passion pour ces engins motorisés, à l'image de sa fulgurante carrière filmographique. Il acquiert d'abord une Triumph T110 de couleur bleue, qu'il troque ensuite contre une Triumph TR5 Trophy plus puissante, modèle précédant celle qui allait marquer le couronnement du fabricant britannique: la Bonneville. Moto sensationnelle avec son moteur bicylindre calé de 650 cc, la Triumph Bonneville (1955) est créée pour satisfaire les motocyclistes américains habitués à traverser de longues distances. Elle se révèle en effet parfaite pour la zone des marais salants de Bonneville (Bonneville Salt Flats) du désert du Grand Lac Salé. Elle détiendra d'ailleurs le record du monde de vitesse pendant plus d'une décennie sur la piste du Bonneville Speedway. Les motos de légende sont également liées à la légende parmi les légendes: on raconte que la mère d'un jeune Elvis Presley avait refusé de lui acheter un vélo, optant plutôt pour une guitare, moins onéreuse. Le «King» de la musique et futur collectionneur de motos était né. À travers sa vie excentrique, les motos ont représenté ce même sens de liberté, de rébellion et d'irresponsabilité qu'incarnaient la musique d'Elvis et son mode de vie extrême pour l'ensemble de sa génération.

Het beeld van de motorfietsen van het Amerika van de jaren 1950 wordt bepaald door de glanzende Harley-Davidson en de Indiana met zijn aangepaste motor. Motorfietsen werden uit de garage gehaald door oorlogsveteranen die nieuwe horizonten wilden verkennen; brede landschappen voor het oog en de geest die zich trachten te verzoenen met de wereld en genieten van het zuivere en eenvoudige plezier van snelheid. Er werd geïnvesteerd in nieuwe, krachtigere carburators, en overtollige onderdelen werden verwijderd om de motors handelbaarder te maken. Stilaan veranderde de *Bob Job* uit de jaren 1940 in de Chopper. De straten van Amerika blonken door de schitteringen van de onafgedekte motors van de Harleys, het licht en de schaduw van een land dat helden nodig had. Deze brullende beesten met mooie rondingen werden bestegen door moderne ridders in jeans, T-shirt en lederen jekker. Het was op een motor dat Amerika kennismaakte met een mijmerende Marlon Brando, de man die vastberaden was het nieuwe archetype van de moderne antiheld te worden. Het was 1953, de film was *The Wild One*, en Brando, leider van een motorbende, raasde over het scherm op een 1950 6T Triumph Thunderbird. Als trotse rebel en eenzaat werd Johnny een referentiepunt voor duizenden jongeren die onzeker waren over de toekomst of gaf hij hoop aan de armen in het opbloeiende Amerika. Triumphs, die massaal werden geëxporteerd als middel om de oorlogsschuld af te betalen, waren de snelste en dus meest geliefde en begeerde overzeese motorfietsen. Deze wendbare, snelle motorfietsen veroverden de harten van velen, waaronder dat van James Dean. De liefde van James voor motorfietsen begon met een CZ 125 uit 1947 en zijn passie voor motoren groeide even snel als zijn filmcarrière die hem op een schelpblauwe Triumph 110 plaatste. Deze werd dan vervangen door de krachtiger Triumph TR5 Trophy, de voorloper van wat het meesterstuk zou worden van de Britse producent. De verbluffende 1955 Triumph Bonneville werd gecreëerd om te beantwoorden aan de noden van de Amerikaanse bikers die gewend waren om lange afstanden af te leggen, en was perfect geschikt voor de Bonneville-zoutvlakte van de Great Salt Lake Desert. Hij hield meer dan een decennium lang het wereldrecord wat betreft snelheid. Legendarische motorfietsen gaan hand in hand met een andere grote legende; er wordt gezegd dat de moeder van de jonge Elvis Presley weigerde om een motor voor hem te kopen, en in plaats daarvan voor een goedkopere gitaar koos. De "King" van de rock-'n'-roll, en een verwoed verzamelaar van motorfietsen was geboren. Heel zijn excentrieke leven lang stonden motorfietsen voor hem synoniem met de essentie van vrijheid, verzet en onverantwoordelijkheid die zijn muziek en extreme levensstijl voor zijn generatie belichaamde.

Audrey Hepburn in "Roman Holiday"
Vespa 125 (1951)

Domenico Modugno
Vespa 150 (1961)

What's a motorbike doing here?" Was the question likely raised by guests of a 1950 Milan showcase, dumbfounded at the sight of the shiny, sensually aerodynamic prototype of the MV Agusta 500 Grand Prix. It was the first time that a motorbike had been displayed to the public at a showcase rather than on the racetrack. In fact, the 1950s were the golden age of street racing, with streets closed off for the occasion. Hordes of bike-lovers and makers from around the globe travelled to the Isle of Man to participate in the Tourist Trophy. As technical developments were applied to models from manufacturers like MV Agusta, CZ, Mondial, Gilera, and also DKW and NSU, Norton—which until then had enjoyed almost undisputed leadership in the industry—faced new competition that it wouldn't always be able to surpass. A fight to the death broke out between the Italian and English makers. The battle came to an end in 1956 in favour of the MV Agusta, thanks to the model's technical superiority, but also John Surtee's outstanding talent. The champion won six world titles before retiring from the race circuits, while the MV Agusta continued its victorious ascent through the mid-1970s, winning an astounding 3,000 international competitions, 37 constructors' world titles and 38 riders' world titles. Its feverish speed on the streets and circuits won over European riders. Booming engines, intrepid drivers and a sense of risk came together to transform motorcycle racing into an exhilarating ritual that everyone wanted to be part of. At a time when street speed was still a luxury for a select few, and many dreamed of emulating their racetrack heroes, the motorbike became an object of desire for thousands of Europeans. In the 1950s the Vespa scooter made that desire a reality. Both accessible and revolutionary in terms of structure and design, this ingenious creation by Corradino D'Ascanio, an aeronautical engineer with a passion for motorcycles, addressed Italy's need for affordable transport. Its covered engine and gas tank also paved the way for women drivers. "What fun!" exclaimed Audrey Hepburn during her memorable Vespa ride with Gregory Peck in *Roman Holiday* (1953). Ever since, the Vespa is synonymous with the Italian *dolce vita* lifestyle, in which simply straddling the seat puts glamour and good times within your reach. In 1956 the one-millionth scooter was sold, a great milestone for the Vespa, a company that was later to face various setbacks.

Que fait une moto ici?», est la question que se sont probablement posés les invités stupéfaits devant le prototype aérodynamique, sensuel et brillant de la *MV Agusta 500 Grand Prix* au Salon de Milan de 1950. C'est la première fois qu'une moto est exposée au public dans le cadre d'un salon plutôt que sur une piste de course. En fait, les années 50 ont représenté l'âge d'or des courses de rue, lors desquelles les rues étaient barrées spécialement pour l'occasion. Des hordes de fabricants et de fans de motos du monde entier se rendaient expressément sur l'île de Man pour participer au Tourist Trophy. Alors que des évolutions techniques sont mises au point sur les modèles de fabricants comme MV Agusta, CZ, Mondial, Gilera, mais aussi DKW et NSU, Norton — qui avait, jusque là, joui d'une position de leader pratiquement indiscutée dans l'industrie — est confrontée à de nouveaux obstacles qui s'avèreront insurmontables par la suite. Une lutte implacable va alors éclater entre les fabricants italiens et anglais. Elle se termine en 1956 en faveur de MV Agusta, grâce notamment à la supériorité technique du modèle, mais aussi au talent exceptionnel de John Surtee. Le champion remporte six titres mondiaux avant de se retirer des circuits de course, tandis que MV Agusta poursuit son ascension victorieuse jusque dans le milieu des années 70, raflant au passage un nombre étourdissant de récompenses: 3 000 compétitions internationales, 37 titres mondiaux constructeurs et 38 titres mondiaux pilotes. Sa vitesse fébrile dans les rues comme sur les circuits séduit l'Europe. Les moteurs rutilants, les pilotes intrépides et un sens du risque sont réunis pour transformer la course motocycliste en un rituel exaltant auquel tout un chacun est désireux de prendre part. Et à une époque, où la vitesse en rue est encore un luxe réservé à une minorité très sélect et où nombreux sont ceux rêvant de pouvoir imiter leurs héros des circuits de course, la moto est élevée au rang de véritable objet de désir pour des milliers d'Européens. Grâce aux changements sociaux qui sont en marche, la Vespa est, dans les années 50, le produit qui va permettre de réconcilier désir et réalité, en étant à la fois accessible et révolutionnaire en termes de structure et de design. Cette création fabuleuse de Corradino D'Ascanio, ingénieur en aéronautique et passionné de motos, est désormais accessible également aux femmes puisque son moteur et son réservoir d'essence sont dissimulés à l'arrière, ce qui dégage une place pour les pieds à l'avant. «Comme c'est amusant !», s'exclame Audrey Hepburn aux commandes d'une Vespa dans une scène mémorable du film *Vacances Romaines* avec Gregory Peck (1953). Dans l'imaginaire collectif, la Vespa est synonyme de *joie de vivre* et de *dolce vita* à l'italienne, où le simple fait de prendre place sur le siège vous fait sentir que le bonheur est à portée de main. En 1956, les ventes de scooters dépassent le million d'exemplaires, une étape importante pour la Vespa qui connaîtra par la suite quelques revers et sera en perte de vitesse.

Wat doet een motorfiets hier?" was de vraag die rees bij de met verstomming geslagen gasten op het autosalon van 1950 in Milaan, toen ze geconfronteerd werden met het glanzende, sensueel aerodynamische prototype van de MV Agusta 500 Grand Prix. Het was de eerste keer dat een motorfiets getoond werd aan het publiek tijdens een autosalon in de plaats van op een wedstrijdparcours. De jaren 1950 waren immers de gouden jaren van straatraces, waarbij die straten voor de gelegenheid werden afgesloten. Hordes motorliefhebbers en producenten van over heel de wereld reisden naar het eiland Man om deel te nemen aan de Tourist Trophy. Terwijl modellen van fabrikanten zoals MV Agusta, CZ, Mondial, Gilera en ook DKW en NSU steeds verder ontwikkelden, kreeg Norton — dat tot dan nagenoeg altijd de leiderspositie in de industrie had ingenomen — te kampen met nieuwe hindernissen die het niet altijd zou kunnen overwinnen. Er brak dan ook een strijd op leven en dood uit tussen Italiaanse en Engelse producenten. De strijd stopte in 1956 in het voordeel van de MV Agusta, dankzij de technische superioriteit van het merk, maar ook het uitmuntende talent van John Surtee. De kampioen won zes wereldtitels alvorens zich terug te trekken uit de racecircuits, terwijl de MV Agusta zijn triomftocht voortzette tot midden de jaren 1970, waarbij het bedrijf niet minder dan 3.000 internationale wedstrijden won, 37 wereldtitels bij de constructeurs en 38 wereldtitels bij de piloten. De duizelingwekkende snelheid van hun producten op de straten en circuits veroverde Europa. De combinatie van brullende motoren, onverschrokken bestuurders en een hang naar risico maakte van motorracen een fascinerend ritueel waaraan iedereen wilde deelnemen. En in een tijd dat wegsnelheid slechts een luxe was voor een selecte elite, en velen ervan droomden om in de voetsporen te treden van hun helden van het racecircuit, werd de motorfiets iets waar duizenden Europeanen naar verlangden. Dankzij de sociale veranderingen die aan de gang waren, was de Vespa in de jaren 1950 het product dat verlangen en realiteit met elkaar verenigde, omdat dit model tegelijk toegankelijk en revolutionair was wat structuur en design betrof. Als vernuftige creatie van Corradino D'Ascanio, een luchtvaartingenieur met een passie voor motorfietsen, was de Vespa met z'n afgedekte motor en benzinetank ook geschikt voor dames. "Hoe leuk!" riep Audrey Hepburn uit in de memorabele scène met Gregory Peck in *Roman Holiday* (1953). Voor de meesten staat Vespa synoniem voor de Italiaanse *joie de vivre* en de *dolce vita* levensstijl, waarbij gewoon op het zadel springen je het gevoel geeft dat het geluk binnen handbereik ligt. In 1956 werd de miljoenste scooter verkocht, een grote mijlpaal voor de Vespa, die later met diverse tegenslagen af te rekenen zou krijgen.

Anna Magnani and **Ettore Garofalo**
in "Mamma Roma"
Gilera Giubileo 150 Sport

Veruschka
Ducati 350 SSS Scrambler

Charlton Heston and **Stephen Boyd**
Vespa GS 150 (1957)

Elvis Presley in "Roustabout"
Honda Superhawk 350

Steve McQueen in the driver position, James Gardner behind him
and James Coburn in the sidecar, between takes on the film "The Great Escape"
A Triumph TR6 was used to fake a BMW military German vehicle

Johnny Hallyday
Harley-Davidson FL Hydra Glide

Elsa Martinelli

Ursula Andress
Vespa 90 (1963)

Jane Asher
BSA Gold Star Clubman's

Paul McCartney
Triumph Bonneville

Geoffrey Holder
Harley-Davidson Duo Glide

With the arrival of the youth revolts of the 1960s, new lifestyles rose powerfully to the fore. Society and motorcycling were in the throes of a revolution. Following in the footsteps of sixties trailblazers like Mary Quant, who shocked the world with the miniskirt and set women's legs free, modern valkyries got into the saddle and set their engines roaring. "Je n'ai besoin de personne en Harley-Davidson..." Brigitte Bardot sang in Serge Gainsbourg's *Harley-Davidson* (1968), shocking the world in a video that portrayed her as even more sensual and sexier than usual, dressed in a miniskirt and thigh-high boots astride a flaming motorbike, offering a heady dose of provocation and eroticism. That same year, two other films, British and Italian, set the seal on the new pairing of women and motorbikes. In *Girl on a Motorcycle*, (eloquently retitled *Naked Under Leather* for the American market), Marianne Faithfull, tired of married life, gets on her bike to travel to her lover in Germany, while in the film *Il Profeta*, Ann-Margret rides her Moto Guzzi provocatively clad in only a long sweater and high boots. The undisputed idol of the period was Steve McQueen, modern day cowboy of irresistible appeal, with a passion for speed and a healthy disregard for danger. Son of a stunt man, his love of risk-taking accompanied him on and off set, making it practically impossible to separate the fearlessness of the man from that of the actor. This unlimited audacity meant he wanted to play even the most dangerous scenes himself, soon becoming a producer's and director's nightmare. In 1965 his passion for biking took him behind the Iron Curtain, to East Germany, where he led the American team in the International Six Days Trial, on board a Triumph 650. During this period biking enthusiasts were just starting to get keen on trial races. What made these events popular, firstly in Europe and then across the pond, was a revolutionary bike released onto the market in 1964 by an little-known Spanish company: the legendary Bultaco Sherpa T. Sammy Miller, who rode it to international victory from 1965 onwards, designed it himself, adapting the previous model, the Sherpa N. Miller boosted the shock absorbers, changed the angle of the handlebars and brought the wheel forwards, giving the rider more stability. Lastly, he fitted it with a two-stroke engine (at the time all trials bikes had four-stroke engines), an unusual 244 cc. This rider's brilliant intuition led to the creation of one of the most famous trials bike of all time, set to dominate the international scene for the next 15 years.

Avec l'arrivée de la vague de protestations de la jeunesse, de nouveaux modes de vie s'imposent avec force au cours des années 60. La société et la moto sont alors en pleine révolution. Marchant dans les pas de Mary Quant, qui donne naissance à la minijupe et dénude les jambes des femmes, on voit apparaître des valkyries modernes enfourchant une moto pour en faire rutiler le moteur. «Je n'ai besoin de personne en Harley-Davidson...», chante Brigitte Bardot, dans la célèbre chanson *Harley-Davidson* composée par Serge Gainsbourg (1968). Elle choque le monde entier avec une vidéo la montrant, plus sensuelle et plus sexy que jamais, dompter une moto flamboyante, simplement vêtue d'une minijupe et de cuissardes. Le summum de la provocation et de l'érotisme pour l'époque. La même année, deux autres films, l'un britannique et l'autre italien, consacrent le nouveau binôme «femmes et motos». Dans le film *La Motocyclette* (au titre éloquent pour le marché américain: *Naked Under Leather*), Marianne Faithfull, qui s'ennuie auprès de son mari, prend sa moto et part nue sous une combinasion de cuir rejoindre son amant en Allemagne, tandis que Ann-Margret, dans le film *Il Profeta*, conduit sa Moto Guzzi de manière provocante, seulement vêtue d'un long pull et de hautes bottes. L'idole incontestée de cette période est Steve McQueen, ce cow-boy moderne au charme irrésistible et grand passionné de vitesse au mépris du danger. Fils d'un cascadeur, son amour du risque se manifeste à la fois sur et en dehors des plateaux, de telle sorte qu'il est pratiquement impossible de distinguer le caractère intrépide de l'homme et de celui de l'acteur. Cette audace illimitée implique qu'il veut jouer lui-même les scènes les plus dangereuses, devenant rapidement le cauchemar des producteurs et metteurs en scène. En 1965, sa passion pour la moto le conduit même derrière le rideau de fer, en Allemagne de l'Est, afin de prendre part, comme leader de l'équipe américaine, à l'International Six Days Trial aux commandes d'une Triumph 650. À cette période, les amateurs de motos commencent à s'enthousiasmer pour les courses de trial. Celles-ci deviennent populaires d'abord en Europe, puis outre-Atlantique grâce à une moto révolutionnaire commercialisée en 1964 par une firme espagnole loin d'être inconnue: il s'agit de la légendaire «Sherpa T» de Bultaco. Sammy Miller, qui lui offre une consécration internationale à partir de 1965, l'a lui-même développée et adaptant le modèle précédent, la «Sherpa N»: il a renforcé les amortisseurs, changé l'angle du guidon et avancé la roue pour donner au pilote une meilleure stabilité. Enfin, il l'a équipée d'un moteur deux temps (à cette époque, toutes les motos de trial sont dotées de moteurs quatre temps) d'une cylindrée extraordinaire de 244 cc. Cette brillante intuition du pilote voit l'apparition de la moto de trial la plus célèbre de tous les temps, prête à dominer la scène internationale durant les 15 années à venir.

Met het aanbreken van het tijdperk van het jongerenprotest, deden nieuwe levensstijlen hun intrede. Maatschappij en motorrijden ondergingen een revolutie. In de voetsporen van Mary Quant, die de minirok uitvond en de benen van de vrouw bevrijdde, stegen moderne Walkuren in het zadel om hun motoren te laten brullen. "Je n'ai besoin de personne en Harley-Davidson..." zong Brigitte Bardot in Serge Gainsbourgs beroemde nummer *Harley-Davidson* (1968). In de begeleidende wereldschokkende videoclip was ze sensueler en meer sexy dan ooit: op een schitterende motorfiets, gekleed in een minirok en aanspannende laarzen. Een hevige dosis provocatie en erotiek. Datzelfde jaar werd in twee andere films - Brits en Italiaans - een nieuwe combinatie van "meiden en motoren" aangebracht. In *Girl on a Motorcycle* (welluidend getiteld *Naked Under Leather* voor de Amerikaanse markt) stapte Marianne Faithfull, duidelijk het huwelijksleven beu, op haar motor, naar haar minnaar in Duitsland. In de film *Il Profeta* was het best aanstootgevend hoe Ann-Margret haar Moto Guzzi besteeg: gekleed in enkel een lange trui en hoge laarzen. Het onmiskenbare idool van die tijd was Steve McQueen, een onweerstaanbare hedendaagse cowboy met een passie voor snelheid en een gezonde minachting voor gevaar. Hij hield van risico's, zowel op als buiten de filmset, waardoor het bijna onmogelijk was de stoutmoedigheid van de man te onderscheiden van die van de acteur. Deze grenzeloze durf betekende dat hij zelfs de gevaarlijkste scènes zelf wilde spelen, waardoor hij al snel de schrik werd van producers en regisseurs. In 1965 bracht zijn passie voor motorrijden hem zelfs tot achter het ijzeren gordijn, naar Oost-Duitsland, om er als aanvoerder van het Amerikaanse team deel te nemen aan de Internationale Zes Dagen Trial met een Triumph 650. In die periode begonnen motorfanaten nog maar net interesse te tonen voor trialwedstrijden. Wat hen populair maakte, eerst in Europa en daarna over de plas, was een revolutionaire motor die in 1964 op de markt werd gebracht door een allesbehalve onbekend Spaans bedrijf: de legendarische "Bultaco Sherpa T". Sammy Miller, die er vanaf 1965 internationaal overwinningen mee boekte, ontwierp hem zelf, op basis van het vorige model, de "Sherpa N": hij verhoogde de schokdempers, veranderde de hoek van het stuur en bracht het wiel naar voren, wat de bestuurder meer stabiliteit gaf. Tot slot werd hij voorzien van een tweetaktmotor (in die tijd hadden alle trialmotors een viertaktmotor), een ongebruikelijke 244 cc. Deze briljante intuïtie van de biker leidde tot de creatie van de beroemdste trialmotor aller tijden, die de internationale scène gedurende de komende 15 jaar zou beheersen.

Ann Margret
Triumph T100 C Tiger

The Rolling Stones
Custom Harley-Davidson Sportster

Jean Paul Belmondo
Motobecane Z26C

At the end of the 1960s, rising conflicts created in America a recognizable, palpable tension. Students and others took to the streets to protest. Blacks demanded the civil rights that had long been denied them, while the pacifists were organising mass sit-ins to protest against the atrocities of the Vietnam War. Forms of anti-conformism were multiplying: the hippies intented to break down the confines of the traditional family, leaving the cities to form independent communes. Thousands of young people gathered at outdoor festivals where rock music and drugs offered a powerful means for collective evasion. Dissent also took the form of jumping on a motorbike and speeding off, leaving the past and hypocritical certainties behind and embracing a lifestyle of the open road with wanderlust at its heart. To these individuals, only the open expanses of the highway offered authentic sensations, and short-lived relationships free of hypocrisy. The road was the new frontier and proved irresistible to Hollywood, too. And it was a film from this era that furthered the myth of the motorbike, and defined a new generation and its approach to life: *Easy Rider*. Filmed on the road, the infinite spaces and American highways projected onto the screen corresponded to the real-life roads running alongside the drive-ins where the new generation gathered to admire its heroes. Captain America, the chopper ridden by Peter Fonda in the film, was a souped-up specimen with every element taken to extremes. It took four years of work and hundreds of parts culled from motorbikes purchased at auction (low compression 1200 cc 1962 FLs Harley-Davidsons cast off by the Los Angeles Police Department) to put together Fonda's radical, revolutionary bike. The front forks were disproportionately lengthened and the handlebars raised, while the saddle was extended into an incredibly laid-back buddy seat. The tank was covered in the American flag, reminiscent of Jasper Johns' encaustic wax painting, "Flag", an arresting image that recalled the values of the forefathers that had made the country glorious. These were the very values that seemed lost among the meanders of capitalism, and had never been so distant. The motorcycle was the star of this road movie and the chopper made history, creating an American icon: the chrome-covered symbol of the malaise of an entire generation, and of journeys on roads without end.

À la fin des années 1960, l'Amérique se retrouve confrontée à une série de contradictions anciennes et nouvelles, chargeant l'atmosphère de tension. Les gens descendent dans les rues pour manifester. Les associations pour les droits de la population noire réclament l'égalité qui leur est refusée depuis longtemps, tandis que les pacifistes organisent des sit-ins de masse pour protester contre les atrocités de la guerre du Vietnam. Les formes d'anticonformisme se multiplient: les hippies sont résolus à faire voler en éclats le schéma de la famille traditionnelle en quittant les villes pour vivre en communautés autarciques. Des milliers de jeunes se rassemblent lors de concerts en plein air où la musique et la drogue offrent un grand pouvoir d'évasion collective. Mais la dissidence s'exprime aussi par le fait d'enfourcher une moto et de partir en laissant derrière soi le passé et les certitudes hypocrites pour embrasser un mode de vie «on the road», où les voyages prennent une place prépondérante. Pour elle, seules les routes offrent des sensations authentiques, seules les relations éphémères sont dénuées de calcul et d'hypocrisie. La route représente la nouvelle frontière, et même Hollywood n'y est pas insensible. Un film va d'ailleurs offrir un statut légendaire aux motos, à une génération et à sa vision de la vie: *Easy Rider* (1969). Ce road movie projetant à l'écran les espaces infinis et les grandes routes américaines incarne les courses sur route réelles le long des drive-ins, où la nouvelle génération se rassemble pour admirer ses héros. Captain America, le chopper piloté par Peter Fonda dans le film, est un spécimen gonflé dont chaque élément a été poussé à l'extrême. Quatre années de travail, des centaines de pièces issues de motos vendues aux enchères (FL Harley-Davidson basse compression 1200 cc 1962 classées par la police de Los Angeles), et assemblées conformément à une vision révolutionnaire et radicale. La fourche est allongée de manière disproportionnée et le guidon surélevé, tandis que la selle se prolonge en un buddy seat incroyablement décontracté. Le réservoir est décoré du drapeau américain et rappelle le chef d'oeuvre "Flag" de Jasper Johns (peinture à l'encaustique); une image claire renvoyant aux valeurs des pères fondateurs qui ont fait la gloire du pays. Il s'agit des vraies valeurs qui semblent s'être égarées dans les méandres du capitalisme et n'ont encore jamais paru si lointaines. Ce road movie présente une moto qui fait l'histoire, créant de ce fait une véritable icône: le symbole chromé du malaise d'une génération toute entière, et des voyages à l'infini «on the road».

Aan het einde van de jaren 1960 werd Amerika geconfronteerd met een reeks oude en nieuwe contradicties die voor heel wat spanningen zorgden. Mensen kwamen op straat om te protesteren. De verenigingen voor de rechten van kleurlingen vroegen de gelijkheid die hen zo lang was ontzegd, terwijl de pacifisten massale sit-ins organiseerden om te protesteren tegen de gruwelen van de oorlog in Vietnam. Vormen van anticonformisme waren legio: de hippies waren vastberaden om de grenzen van het klassieke gezin neer te halen en verlieten de steden om in onafhankelijke communes te gaan leven. Duizenden jonge mensen kwamen samen op openluchtconcerten, waar muziek en drugs een machtig middel vormden voor collectief escapisme. Het protest nam echter ook soms de vorm aan van op een motorfiets springen en wegrijden, het verleden en de hypocriete onzekerheden achterlaten en een "rondtrekkende" levensstijl aannemen. Alsof enkel de snelweg authentieke sensaties bood, korte relaties zonder berekening en hypocrisie. De weg was de nieuwe grens en ook Hollywood bleek er niet aan te kunnen weerstaan. Het was dan ook een film die de motorfiets een cultstatus, een generatie en een levensvisie opleverde: *Easy Rider*. De onderweg gefilmde weidse Amerikaanse landschappen en snelwegen die op het grote scherm werden geprojecteerd, stemden overeen met de echte wegen langs de drive-ins waar de nieuwe generatie bijeenkwam om haar helden te vereren. Captain America, de chopper die in the film bestuurd werd door Peter Fonda, was een gepimpt exemplaar waarvan elk element tot in het extreme was uitgewerkt. Hij stond voor vier jaar werk en honderden stukken van motorfietsen die werden aangekocht op veilingen (lage compressie 1.200-cc 1962 FLs Harley-Davidsons afgedankt door de politiediensten van Los Angeles) en die geassembleerd werden volgens een radicale, revolutionaire visie. De voorvorken werden buiten verhouding verlengd en het stuur werd verhoogd, terwijl van het zadel een uitgerekte buddyseat werd gemaakt. De tank was beschilderd met de Amerikaanse vlak, zoals het wasschilderij van Jasper Johns, een direct beeld dat herinnerde aan de waarden van de voorvaderen die het land zijn roem hadden bezorgd. Dit waren net de waarden die verloren leken te gaan in de meanders van het kapitalisme en die nooit eerder zo ver buiten bereik waren geweest. Dit was een road movie waardoor een motorfiets geschiedenis maakte en een icoon gecreëerd werd: het verchroomde symbool van de malaise van een hele generatie en van tochten langs eindeloze wegen.

Brigitte Bardot
Custom Harley-Davidson WL 750

Françoise Hardy
Honda CB 750 Four

Alain Delon and **Marianne Faithful** in "Girl on a Motorcycle"
Norton 750 Atlas

Telly Savalas and **George Lazenby**
Triumph Bonneville

Dean Martin
Honda Sport 50

Peter Fonda and **Dennis Hopper** in "Easy Rider"
Harley-Davidson "Captain America" Chopper
Harley-Davidson "The Billy Bike" Chopper

Ann Margret

Sean Connery in "Diamonds are Forever"
Honda ATC90

As the previous decade's dream of change and abundance slowly disintegrated, in the 1970s the future darkened. People began to look to mysticism and the promise of spiritual renewal contained in alternative religions. For the motorcycling world one book was to mark a turning point in the way that an entire society perceived and judged motorbikes, bikers and their lifestyle. The quote above comes from *Zen and the Art of Motorcycle Maintenance*, the debut work of an unknown writer by the name of Robert Pirsig, which lent new dignity to a world that was commonly regarded with suspicion or even fear. Translated into dozens of languages, this autobiographical novel soon became a cult favourite. It was given as a gift, read and passed around like *Siddhartha* or *The Art of War*. In the book, an attempt to bond with his son, Pirsig – an expert in Oriental philosophy – sets off on a journey from Minneapolis to the Pacific on board an old 1964 Honda CB77 Superhawk. For 12 year-old Chris and his father, a man with a troubled personal history, this is the start of a journey that takes place on two levels right from the start; an exploration of both the physical/sensory aspects of the road and the spiritual side of the experience. The unforgettable descriptions of America's vast landscapes and the "music" of the engine alternate with passages in which Pirsig loses himself in reflections about his past life and the role of suffering, but also the opportunity afforded by the motorcycle journey to contemplate the deeper meaning of life. The actual maintenance of the motorbike, "necessary" only for the correct working of all the mechanisms or cold mechanical parts, becomes a stand-in for examining the spiritual worth and integrity of the man who dedicates himself to each task with great consciousness. An object long viewed as a symbol of rebellion and recklessness by the non-biking public, was suddenly enveloped in a spiritual aura that redeemed bikes and bikers from the ghetto. Placed at the centre of a new universe, motorbikes became a way for the Western world to observe itself and reflect on life via Oriental thinking, while road trips and the care that accompanied bike ownership inspired a more introspective, serene way of life.

Avec la dissipation progressive du rêve de changement et d'abondance qui avait caractérisé la précédente décennie, les années 70 voient un avenir sombre se profiler à l'horizon. Les personnes commencent à se tourner vers le mysticisme et la promesse d'un renouveau spirituel prôné par les religions alternatives. Dans le monde du motocyclisme, un livre marque un tournant dans la manière dont une société entière perçoit et juge les motos, les motocyclistes ainsi que leur mode de vie. La citation reprise ci-dessus est tirée du *Traité du Zen et de l'Entretien des Motocyclettes*, le premier ouvrage d'un écrivain inconnu (Robert Pirsig) qui va redorer le blason d'un monde inspirant trop souvent la méfiance voire la peur. Traduit dans des dizaines de langues, ce roman autobiographique devient rapidement un classique que l'on offre en cadeau, que l'on lit et transmet ensuite à l'instar de *Siddharta* ou de *l'Art de la Guerre*. Dans ce livre, afin de resserrer les liens qui l'unissent à son fils, Pirsig – spécialiste en philosophie orientale – décide de partir en voyage, au départ de Minneapolis en direction du Pacifique, à bord d'une vieille Honda CB77 Superhawk de 1964. Pour Chris, le jeune fils de douze ans, et son père, un adulte au passé personnel difficile, ceci marque le début d'un voyage qui se situe à deux niveaux, l'un explorant l'aspect physique et sensoriel, l'autre le côté spirituel de l'expérience. Les descriptions inoubliables des immenses paysages américains et la « musique » du moteur alternent avec des passages où Pirsig se perd dans des réflexions sur son passé et sur le rôle de la souffrance, mais aussi sur l'opportunité qu'offre le voyage en moto de contempler le sens profond de l'existence. L'entretien d'une moto, uniquement « nécessaire » au bon fonctionnement de tous les mécanismes ou pièces servant au refroidissement, devient le prétexte permettant d'examiner la valeur spirituelle et l'intégrité de l'homme qui se consacre à chaque tâche de façon très consciencieuse. Pour le public non motocycliste, un objet longtemps considéré comme un symbole de rébellion ainsi qu'un mode de vie jugé répréhensible, agité et risqué sont soudainement revêtus d'une aura spirituelle, délivrant les motos et les motocyclistes du ghetto. Placées au centre d'un nouvel univers, les motocyclettes deviennent un moyen par lequel le monde occidental peut s'observer et réfléchir en utilisant les approches d'un mode de pensée oriental, tandis que les road trips et le soin que requiert un moyen de transport inspirent un mode de vie plus profond et plus serein.

Terwijl de droom van verandering en overvloed van het vorige decennium langzaam afbrokkelde, werd de toekomst in de jaren 1970 donkerder. Men begon interesse te tonen voor mysticisme en de belofte van spirituele vernieuwing in de alternatieve religies. Voor de motorwereld betekende een boek het keerpunt in de manier waarop een hele maatschappij motorfietsen, motorrijders en hun levensstijl bekeek en beoordeelde. Het citaat hierboven komt uit *Zen en de Kunst van het Motoronderhoud (Zen and the Art of Motorcycle Maintenance)*, het eerste boek van een onbekende schrijver Robert Pirsig, die een wereld die al te vaak met achterdocht en zelfs angst werd bekeken, opnieuw waardigheid gaf. Deze in tientallen talen vertaalde autobiografische roman werd al snel een klassieker, die men vaak cadeau kreeg, las en weer doorgaf, zoals *Siddharta* of *De kunst van het oorlogvoeren*. In dit boek beslist Pirsig – een expert in oosterse filosofie – in een poging de band met zijn zoon te versterken, om een tocht te ondernemen van Minneapolis naar de Stille Oceaan, op een oude Honda CB77 Superhawk uit 1964. Voor de twaalf jaar oude Chris en zijn vader, een volwassene met een problematische persoonlijke geschiedenis, is dit de start van een reis die zich vanaf het begin afspeelt op twee niveaus, waarbij zowel het fysieke/zintuiglijke aspect wordt verkend als de spirituele kant van de ervaring. De onvergetelijke beschrijvingen van de weidse Amerikaanse landschappen en de "muziek" van de motor wisselen af met passages waarin Pirsig zich verliest in reflecties over zijn voorbije leven en de rol van het lijden, maar ook over de kans die de reis op de motor biedt om na te denken over de diepere betekenis van het leven. Het eigenlijke onderhoud van de motorfiets, wat enkel "nodig" is voor de correcte werking van alle mechanismen of koude mechanische onderdelen, wordt een aanleiding om de spirituele waarde en integriteit te bepalen van de man die elke taak zeer plichtsbewust uitvoert. Voor het publiek dat niet met de motor rijdt, werd een voorwerp dat lange tijd werd beschouwd als een symbool van opstandigheid en van een rusteloze en risicovolle levensstijl die afgekeurd werd, plots omringd met een spiritueel aura dat motoren en bikers uit hun getto bevrijdde. Motorfietsen, die in het middelpunt van een nieuw universum werden geplaatst, werden een manier voor de Westerse wereld om zichzelf te observeren en na te denken over dingen aan de hand van benaderingen ontleend aan de oosterse denkwijzen. Het rondtoeren en de zorg die een transportmiddel vraagt, inspireerden tot een meer diepzinnige en serene manier van leven.

Mireille Darc
Ducati Cadet 100

At the beginning of the new decade, before the oil crisis cooled public enthusiasm, motorcycle manufacturers revved up and did their very best to engineer bikes that went the extra mile. The marketing men focused their efforts on the power-escapism combination. "Speed for all" was the winning concept. Cutting-edge racetrack technology was liberally applied to street bikes, giving rise to the so-called super bikes with their big engines (750 cc compared to the 600 cc and 420 cc of the previous decade), and added revs. One which stood out from the pack was a model from the Far East, the Honda CB750 Four. Viewed as a breakthrough in a field of mass-produced motorcycles, it boasted a four-stroke engine with four cylinders, enhanced by "chain-driven" valves in place of the rocker shaft. The real revolution, however, was in the "price of speed". Japanese manufacturers were the first to adapt a series of mass production technologies, enabling them to reduce the final cost of bikes that up until then had been the preserve of a limited circle of wealthy enthusiasts or champions. In response to the Eastern super bikes, Harley-Davidson and Triumph launched new models, the Harley XLCR and the Triumph X75 Hurricane. Both turned out to be commercial fiascos: the former due to the Harley's intrinsic inability to compete on the speed front, and the latter for a design perceived as too American, something which went down badly with the British manufacturer's aficionados, negatively impacting on sales. Two motorbikes that successfully took on the Japanese challenge hailed from Italy: the MV Agusta 750S and above all the Ducati 750 Supersport, unique in terms of its unusual L-shaped cylinder layout, with the horizontal section cleverly hosted in the chassis framework. In those years biking was about speed, but also spectacular antics. Evel Knievel, whose career had gotten under way ten years previously, signed a contract with Harley-Davidson and quickly became one of America's first media darlings. Television coverage of his stunts was watched by tens or even hundreds of thousands of viewers, who waited with baited breath to see the daredevil on his Harley without a tachometer, risking his life on breathtaking jumps. Evel was unstoppable; driven by fame and notoriety and the money that accompanied it, he became the original American idol. His records remained unbeaten until the end of 2000 and, like disco, this eccentric sportsman, garishly clad in stars and stripes, would go down in history as an emblem of the zany seventies.

À l'aube de cette nouvelle décennie, avant que la crise pétrolière ne vienne tempérer l'enthousiasme des gens, les fabricants de motocyclettes décident de donner un coup d'accélérateur et font tout ce qui est en leur pouvoir pour proposer des motos allant au devant des moindres désirs des amateurs. Les responsables de marketing concentrent leurs efforts sur la combinaison puissance/évasion. La vitesse pour tous est désormais le mot d'ordre. La technologie de pointe des motos de courses s'applique largement aux motos à vocation routière, donnant lieu aux engins baptisés « superbikes » en raison de la puissance de leur moteur (750 cc contre 600 et 420 cc au cours de la décennie précédente) et de leur vitesse accrue. Un modèle tout droit venu de l'Extrême-Orient sort de l'ordinaire: la Honda CB750 Four. Vue comme l'une des étapes importantes dans le domaine de la production en série, elle arbore fièrement un moteur quatre temps, quatre cylindres, renforcé par des soupapes actionnées par une chaîne à la place du culbuteur. La réelle révolution se situe toutefois au niveau du «prix de la vitesse». Les fabricants japonais sont, en effet, les premiers à adapter différentes technologies pour la production en série, ce qui leur permet de réduire le coût final des motos, qui restaient jusqu'alors le privilège d'un cercle limité de champions ou d'amateurs nantis. En réponse aux superbikes orientales, Harley-Davidson et Triumph s'efforcent de rivaliser avec la production de nouveaux canons en lançant de nouveaux modèles, la Harley XLCR et la Triumph X75 Hurricane, qui se révèlent tous deux un véritable fiasco commercial : l'un, en raison de l'incapacité intrinsèque de Harley à concurrencer les orientales en termes de vitesse, l'autre, en raison d'un design perçu comme trop américain, ce qui passe mal auprès des aficionados du fabriquant britannique et se traduit par un impact négatif sur les ventes. Deux motos qui relèvent avec succès le challenge japonais viennent d'Italie : il s'agit de la MV Agusta 750S et, par-dessus tout, de la Ducati 750 SS, ou «Supersport», unique en raison de son architecture cylindrique (cylindres en L), et dont la coupe horizontale est ingénieusement nichée dans le cadre du châssis. Durant ces années-là, le motocyclisme fait la part belle à la vitesse, mais aussi aux modèles spectaculaires. Evel Kneivel, dont la carrière avait débuté dix ans plus tôt, signe un contrat avec Harley-Davidson et devient l'un des premiers phénomènes médiatisés d'Amérique. La couverture télévisée de toutes ses cascades est suivie par des dizaines, voire des centaines de milliers de téléspectateurs, qui retiennent leur souffle et attendent de le voir, à bord de sa Harley sans tachymètre, risquer sa vie lors de sauts téméraires. Il est impossible d'arrêter Evel, porté par la gloire et la notoriété, sans compter l'argent que lui rapportent ses cascades. Il devient une véritable idole pour les jeunes et les très jeunes. Ses records restent invaincus jusqu'à la fin des années 2000, et tel le disco, ce casse-cou excentrique revêtu d'étoiles et de galons reste un symbole farfelu des légendaires seventies.

Bij het begin van het nieuwe decennium, vóór de oliecrisis het enthousiasme van de mensen deed bekoelen, kenden de motorfietsfabrikanten een opleving en deden ze hun uiterste best om motoren te ontwikkelen met dat ietsje meer. De marketingmensen spitsten hun inspanningen toe op de combinatie macht/escapisme. Snelheid was boven alles het winnende concept. De geavanceerde technologie van de racecircuits werd vrij toegepast op wegmodellen, waardoor de zogenaamde superbikes ontstonden met zware motor (750 cc vergeleken met de 600 en 420 cc van het vorige decennium) en opgevoerd toerental. Eén model dat boven de rest uitstak, kwam uit het Verre Oosten, de Honda CB750 Four. Dit model, dat werd beschouwd als één van de mijlpalen van de op grote schaal geproduceerde motorfietsen, was uitgerust met een viertaktmotor met vier cilinders, versterkt door ketting-aangedreven kleppen in plaats van de tuimelaaras. De echte revolutie was echter de "prijs van snelheid". Japanse producenten waren de eerste om een reeks massaal geproduceerde technologieën aan te passen, wat hen toeliet de uiteindelijke kostprijs te verlagen van motorfietsen, die tot dan waren voorbehouden voor een beperkte kring rijke fanaten of kampioenen. Als antwoord op de superbikes uit het oosten, probeerden Harley-Davidson en Triumph zich te meten met de nieuwe productiekanonnen door nieuwe modellen te lanceren, de Harley XLCR en de Triumph X75 Hurricane. Beide modellen draaiden uit op een commercieel fiasco: het eerste door het intrinsieke onvermogen van de Harley om te concurreren op het vlak van snelheid, het laatste doordat het ontwerp als te Amerikaans werd ervaren, iets wat niet in de smaak viel bij fans van de Britse fabrikanten, wat dan weer een negatieve impact had op de verkoop. Twee motorfietsen die wel een succesvol weerwoord boden op de Japanse uitdaging, kwamen uit Italië: de MV Agusta 750S en vooral de Ducati 750 SS, of "supersport", uniek door zijn ongewone L-vormige cilinderschikking, waarbij de horizontale sectie vernuftig in het chassiskader werd ingewerkt. In die tijd draaide motorrijden vooral om snelheid, maar ook om spectaculaire fratsen. Evel Kneivel, wiens carrière tien jaar tevoren op gang was gekomen, ondertekende een contract met Harley-Davidson en werd één van Amerika's eerste mediafenomenen. De televisieberichtgeving over al zijn stunts werd gevolgd door tientallen of zelfs honderden duizenden kijkers, die met ingehouden adem wachtten om hem te zien op zijn Harley zonder toerenteller, terwijl hij zijn leven waagde met halsbrekende sprongen. Evel was niet te stoppen, gedreven door roem en bekendheid en het geld dat dit met zich meebracht, en hij werd een idool voor de jongeren. Zijn record bleef ongeslagen tot einde 2000, en net als disco, blijft deze excentrieke waaghals, gekleed in sterren en strepen, een gek symbool van de legendarisch seventies.

Paul Newman
CZ 250 MX Side Pipe

Giacomo Agostini
MV Augusta 500

Donald Sutherland
Jawa 350

Robert Redford and **Lauren Hutton**
in "Little Fauss and Big Halsy"
Yamaha DT01 Scrambler

Sammy Davis Jr

Cher
Triumph Bonneville

The **Jackson Five** with parents Joe and Katherine
Michael Jackson on a Honda Z50 Mini Trail

Ron Howard
Triumph TR5 Trophy

Henry Winkler
Triumph TR5 Trophy

Marvin Gaye and his Son
Honda XL 185 S

Evel Knievel
Harley-Davidson XR 750

Warren Beatty
Triumph Boneville

Clint Eastwood in "Dirty Harry"

The Shah and **Empress Farah of Iran** with **Prince Reza**
Honda CB 750 Four, Honda ATC, Honda Cub 50

Paul Stanley, guitarrist and frontman of Kiss
Harley-Davidson Sportster "Iron head" custom-made Chopper

Ian Gillan, singer for Deep Purple
Ossa M.A.R. 250

Johnny Hallyday
Custom-made Chopper

Joe Dallesandro and **Jane Birkin** in "Je t'aime, moi non plus"
Custom Harley-Davidson HDWL

Barry Sheene and **Stephanie McLean**
Suzuki TM 75

Joanna Lumley
Honda 125TLS Trial Bial

David Bowie

Prince
Honda CM400A customised Vetter Fairing

Princess Stephanie of Monaco and **Crown Prince Albert of Monaco**
Garelli Rekord

Marcello Mastroianni and **Jole Silvani** in "La Città delle Donne"
Moto Guzzi SuperAlce 500

In the 1980s motorbikes enjoyed an upsurge of popularity. Revamping its image, the symbol of rebellion now became an object of desire. Marketing accomplished a genuine miracle and, hooking up with TV and fashion, made the whole world long to get in the saddle, manufacturing a dream for everyone. Every self-respecting white-collar professional lusted after a BMW K75 or a K100: luxury and prestige on two wheels. The image of the motorbike as the means for a solitary get-away was replaced by the idea of couple time on the road. Freedom and evasion times two. The emblem of this new phenomenon was the Honda Gold Wing, a travelling sofa complete with windscreen, radio and cases and bags that could be covered in luxurious materials such as leather and briarwood. Husband and wife could therefore set off comfortably together, without the fairer sex complaining about the lack of comfort or space for the inevitable luggage. The appeal of long road trips was only the half of it. This era was marked by the thrill of off-road riding, with the Paris Dakar as the ultimate showcase – days and days of intrepid racing through Africa's deserts and savannas. And not just motorbikes, but also cars, or rather jeeps and trucks, a picturesque caravan challenging the heat of the air and the hazards of the sand. Thousands of miles to reach Senegal, an experience that called for truly special people and vehicles. Which brings us to the BMW R80 GS Paris-Dakar. This model nodded at the more adventurous client, and though very few would ever actually see the dunes, camels and Bedouins, except in their dreams, the world's cities were soon overrun with knobby tyres. Manufacturers also ably exploited the lure of speed, which got increasing TV airtime. Intent on captivating the enthusiasm of youngsters, and their parents' credit cards, dealership windows filled with replicas of the motorcycles that were battling it out on the world's racetracks. These were all motorbikes with small engines, mainly 50 cc or 125 cc. City streets and country roads filled with the smell and din of the two-strokes. Aprilia Futura, AF1, Cagiva Mito, Yamaha TZR, Honda NSR, Gilera MW and the more expensive Zündapp 125, for the offspring of the wealthy… the list goes on. They were dubbed "travelling coffins": light, powerful and dangerous (over the years they were downsized by law, due to the number of fatalities they incurred). These were the ultimate objects of teen desire.

Dans les années 80, les motos connaissent un regain de popularité. En rajeunissant son image, le symbole de rébellion devient désormais un objet de désir. Grâce notamment au concours de la TV et de la mode, qui mettent en selle le monde entier, le marketing accomplit un véritable miracle, en proposant des modèles qui alimentent les rêves de tout un chacun. Tout col blanc qui se respecte convoite ardemment une BMW K75 ou une K100, synonymes de luxe et de prestige. L'image de la moto offrant la perspective d'une échappée en solitaire est remplacée par le concept d'un moment passé en couple sur la route : des instants de liberté et d'évasion à deux. L'emblème de ce nouveau phénomène est la Honda GoldWing, véritable sofa ambulant avec pare-brise complet, radio, étuis et sacs, et qui peut, sur demande, être parée d'accessoires luxueux comme le cuir et le bois de bruyère. Maris et femmes peuvent désormais partir ensemble en toute quiétude, sans que le beau sexe ne puisse se plaindre du manque de confort ou de place pour les inévitables bagages. Outre le charme des longs voyages sur la route, le frisson d'une conduite hors des sentiers battus est également prisé, avec comme point d'orgue, le Paris Dakar. Des jours et des jours de courses endiablées à travers le désert et la savane africaine. Des motos, mais aussi des voitures, ou plutôt des jeeps et des trucks, composent la caravane pittoresque défiant la chaleur du climat et les caprices du sable. Elle parcourt des milliers de miles pour rejoindre le Sénégal, une expérience qui nécessite à la fois des personnes et des véhicules spéciaux. C'est ainsi que la BMW R80 GS Paris-Dakar voir le jour. Ce modèle fait de l'œil aux clients les plus aventureux, et même si seule une infime minorité d'entre eux sera amenée à affronter – pas uniquement en rêve – les dunes, les chameaux et les bédouins, les villes du monde sont bientôt inondées de deux-roues aux pneus saillants. En outre, les responsables marketing des fabricants exploitent intelligemment l'attrait de la vitesse, qui a également de plus en plus le vent en poupe grâce à la TV. Afin de captiver l'enthousiasme des jeunes et de convaincre les parents d'utiliser leur carte de crédit, les vitrines des concessionnaires abondent de répliques des motos qui s'affrontent avec acharnement sur les pistes de courses du monde entier. Ces modèles présentent tous de petits moteurs, principalement des 50 ou 125 cc. En ville comme à la campagne, les routes sont enveloppées de l'odeur et du vacarme des moteurs deux temps. Aprilia Futura, AF1… Cagiva Mito, Yamaha TZR, Honda NSR, Gilera MW, et la plus coûteuse de toutes, la Zündapp 125 ; et pour les progénitures des classes sociales les plus nanties, cette liste est loin d'être exhaustive. Ces motos sont surnommées des «cercueils ambulants»: légères, puissantes et dangereuses (avec le temps, leur cylindrée va être légalement bridée en raison du nombre de victimes), elles sont les ultimes objets de désir des adolescents.

In de jaren 1980 kende de motorfiets een opleving in populariteit. Door zijn imago op te poetsen, werd het symbool van rebellie een begerenswaardig object. De marketing zorgde voor een echt mirakel, en door in te spelen op tv en mode, wilde de hele wereld in het zadel, waarbij voor iedereen een droom werd gecreëerd. Elke zichzelf respecterende zakenman verlangde naar een BMW K75 of een K100: luxe en prestige op twee wielen. Het beeld van de motorfiets als het middel voor een eenzame vlucht werd vervangen door het idee van tijd die men samen doorbrengt op de weg. Vrijheid en escapisme maal twee. Het embleem van dit nieuwe fenomeen was de Honda GoldWing, een rijdende sofa, compleet met windscherm, radio, koffers en tassen die op verzoek bekleed konden worden met luxueuze materialen zoals leder en bruyèrehout. Man en vrouw konden er samen comfortabel op uittrekken, zonder dat het zwakke geslacht zou hoeven te klagen over het gebrek aan comfort of ruimte voor de onvermijdelijke bagage. Bovenop de aantrekkingskracht van lange tochten op de weg, kwam er de aantrekkingskracht van het off-road rijden, met Parijs-Dakar als het ultieme voorbeeld. Dagenlang racen waaghalzen door de woestijnen en savanne van Afrika. En niet alleen op motorfietsen, maar ook in auto's, of beter gezegd jeeps en vrachtwagens, in een pittoreske karavaan die de hitte van de lucht en de gevaren van het zand trotseert. Duizenden kilometers moeten er worden afgelegd om Senegal te bereiken, een ervaring waar speciale mensen en voertuigen voor nodig zijn. Wat ons naadloos bij de BMW R80 GS Paris-Dakar brengt. Dit is een knipoog naar de meer avontuurlijke klant, en hoewel weinigen daadwerkelijk zandheuvels, kamelen en Bedoeïenen zouden zien, behalve dan in hun dromen, werden alle steden ter wereld al snel overspoeld door noppenbanden. De marketingmensen in de fabrieken speelden ook handig in op snelheid als lokmiddel, waar op tv steeds meer zendtijd aan besteed werd. Vastberaden om het enthousiasme van de jongeren en de kredietkaart van hun ouders aan te spreken, vulden de etalages van de concessiehouders zich met replica's van de motorfietsen die een strijd uitvochten op de racecircuits overal ter wereld. Dit waren allemaal motorfietsen met lichte motors, hoofdzakelijk 50 of 125 cc. De straten van de stad en de landwegen vulden zich met de geur en het lawaai van de tweetaktmotoren. Aprilia Futura, AF1… Cagiva Mito, Yamaha TZR, Honda NSR, Gilera MW en de duurdere Zündapp 125, voor de kinderen van de rijken, om er maar enkele te noemen. Ze werden "rijdende doodskisten" genoemd: licht, krachtig en gevaarlijk (door de jaren heen werden ze wettelijk aan banden gelegd, als gevolg van het aantal dodelijke ongevallen), maar ze waren het ultieme object op het verlanglijstje van jongeren.

In the period that saw the emergence of the Asian tigers in every technological sector, flooding the Western markets with cheap electronic products, the motorcycle industry was also stormed by new models from the Far East, bikes with intimidating names that evolved from the great maxi-motorbikes of the 1970s. Going for flashy design, Suzuki released the Katana, a bike with a shark-like profile that was angular, edgy and aggressive. Bearing the name of the samurai sword that can cut a falling leaf in two, it was an immediate success, and went on to claim a place in the biking hall of fame. The battle for market domination was played out between form and substance. At Kawasaki the motto was "technological innovation": six years of research and thousands of dollars went into developing a lighter, more powerful bike, capable of winning on the track and easy to control in city traffic. Presented to the press in December 1983, the GPZ900R Ninja had a liquid-cooled 16-valve cylinder head, with balancer shaft, cam chain at the end of the crankshaft and alternator above the six-speed gearbox, and was able to deliver dramatic acceleration of over 6000 rpm, and searing speed: from 5000 rpm to the 10500 rpm redline. Shortly after being launched on the market it scooped the Tourist Trophy (finishing in first, second and fourth places) ensuring the fame that was to accompany this make for an entire decade. On the big screen Francis Ford Coppola chose an unknown Mickey Rourke for the role of original motorcycle boy in *Rumble Fish* (1983). Rourke's macho, aggressive character was inseparable from his wheels. During the same period, alongside the small, sporty two-stroke bikes a motorcycle debuted that would make history. Four-stroke, four cylinders, complete with fairing and ultra-light compared to the competition, the saga of the Suzuki GSX-R began in 1985, with the launch of the first GSX-R 750. This was the genuine article, its "man-size" engine synonymous with pure speed. The GSX-R range, which has evolved over time, is still in production under the same name, in versions with 600 cc, 750 cc and 1000 cc engines. Another status symbol for bikers who wanted to stand out, to feel iron and chrome between their legs and for whom size mattered, was the Yamaha V Max, in bad-boy black. This was a bike that didn't take kindly to bends, but proved unbeatable in terms of acceleration. A sort of dragster, it could burn up anyone at the traffic lights with an 1198 cc engine that delivered 145 hp and was capable of doing 1,342 feet (400 metres) in 11 seconds from stationary.

Durant la période qui voit l'émergence des tigres asiatiques dans tous les secteurs technologiques, inondant les marchés occidentaux de produits électroniques peu coûteux, l'industrie motocycliste est de nouveau prise d'assaut par de nouveaux modèles venus tout droit de l'Extrême-Orient, des motos aux noms intimidants développées à partir des célèbres superbikes des années 70. Recherchant un design tape-à-l'œil, Suzuki sort la « Katana », une moto anguleuse, nerveuse et agressive, au profil évoquant un requin. Portant le nom du sabre des samouraïs capable de couper en deux une simple feuille volante qui se pose sur sa lame, elle connaît un succès immédiat et continue de revendiquer sa place au panthéon des motos. La lutte pour la domination du marché se joue entre forme et substance. Chez Kawasaki, la devise est «l'innovation technologique»: six années de recherches et des milliers de dollars sont consacrés au développement d'une moto plus légère et plus puissante, capable de gagner sur les circuits de courses et d'être facilement manœuvrées dans le trafic urbain. Présentée à la presse en décembre 1983, la GPZ900R Ninja est dotée d'un moteur 16 soupapes à refroidissement liquide, avec arbre d'équilibrage, d'une transmission par chaîne de la rotation du vilebrequin, un alternateur au-dessus de la boîte de vitesses à six rapports. Elle est capable de fournir une accélération fulgurante de plus de 6000 tr/min, et assure un train d'enfer, en passant de 5000 tr/min à 10500 tr/min (zone rouge). Peu de temps après avoir été commercialisée, elle participe au Tourist Trophy (et se classe aux première, deuxième et quatrième place), lui assurant la renommée qui l'accompagnera durant toute une décennie. Sur le grand écran, Francis Ford Coppola choisit un Mickey Rourke encore inconnu pour incarner un motocycliste original dans son film *Rusty James* (1983) – dont le titre original est *Rumble Fish*. Mickey Rourke y interprète un macho au caractère agressif, qui se révèle inséparable de son bolide. Durant la même période, outre les petites motos sportives dotées d'un moteur deux temps, un nouveau modèle est destiné à marquer son époque : quatre temps, quatre cylindres, complètement carénée et ultralégère comparée à la concurrence, la saga de la Suzuki GSX-R débute en 1985, avec la sortie de la première GSX-R 750. Il s'agit d'un produit de génie équipé d'un moteur «compact» et synonyme de vitesse pure. La gamme GSX-R, qui a évolué avec le temps, est encore produite actuellement sous le même nom, dans des versions possédant des moteurs de 600, 750 et 1000 cc. La Yamaha VMax habillée de noir est un autre symbole de statut pour les motocyclistes qui veulent se démarquer, sentir le fer et le chrome le long de leurs jambes, et pour qui la taille a également de son importance. Cette moto ne se laisse pas manœuvrer facilement dans les virages, mais se révèle imbattable en termes d'accélération. Sorte de dragster, elle cloue quiconque sur place au démarrage en parcourant 400 mètres en 11 secondes grâce à son moteur de 1198 cc délivrant une puissance de 145 chevaux.

In de periode dat de Aziatische tijgers opkwamen in iedere sector van de technologie, en de Westerse markten overspoelden met goedkope elektronische producten, werd de motorfietsindustrie ook bestormd door nieuwe modellen uit het Verre Oosten, motors met intimiderende namen die ontstaan waren uit de grote maximotors van de jaren 1970. Resoluut de kaart trekkend van het opvallend design, bracht Suzuki de "Katana" op de markt, een motor met een haaiachtig profiel, die hoekig, scherp en agressief overkwam. Met zijn naam van het Samoeraizwaard dat een vallend blad in twee kan snijden, was het onmiddellijk een succes, en eiste het model een plaats op in de "hall of fame" van de motorfietsen. De strijd om marktdominantie werd gevoerd op het vlak van vorm en inhoud. Bij Kawasaki was het motto "technologische innovatie": zes jaar onderzoek en duizenden dollars gingen in de ontwikkeling van een lichtere, krachtigere motor, die kon winnen op het circuit en gemakkelijk te besturen was in het stadsverkeer. De GPZ900R Ninja, die in december 1983 werd voorgesteld aan de pers, had een vloeistof gekoelde 16-kleppen cilinderkop, met balansas, een nokketting aan het einde van de krukas, een alternator boven de versnellingsbak met zes versnellingen, en kon een dramatische acceleratie ontwikkelen van meer dan 6000 rpm, alsook een verschroeiende snelheid: van 5000 rpm tot de rode lijn van 10500 rpm.Kort nadat dit model op de markt werd gebracht, zorgde het voor een primeur tijdens de Tourist Trophy (eindigend op de eerste, tweede en vierde plaats), wat het een decennium lang roem opleverde. Op het witte doek koos Francis Ford Coppola de onbekende Mickey Rourke voor de rol van "Motorcycle Boy" in *Rumble Fish* (1983), een agressieve machofiguur die onafscheidelijk was van zijn motor. In dezelfde periode kwam naast de kleine, sportieve tweetaktmodellen, een motorfiets op de markt die geschiedenis zou maken. De saga van de Suzuki GSX-R, met z'n viertakt-, viercilindermotor, compleet met stroomlijnkap, en ultralicht in vergelijking met de concurrentie, begon in 1985 met de lancering van de eerste GSX-R 750. Dit was het echte ding, een motor op "mensenmaat", en synoniem van pure snelheid. Het GSX-R-gamma, dat mettertijd was geëvolueerd, is nog altijd in productie onder dezelfde naam, in versies met motoren van 600, 750 en 1000 cc. Nog een statussymbool voor bikers die wilden opvallen, die staal en chroom tussen hun benen wilden voelen, en voor wie grootte belangrijk was, was de Yamaha V Max, in stoute-jongenszwart. Dit was een motor die niet erg vriendelijk was voor bochten, maar die onklopbaar bleek wat acceleratie betrof. Het was een soort dragster die iedereen het nakijken kon geven aan de verkeerslichten, met een 1198 cc motor die 145 pk ontwikkelde en die vanuit stilstand 400 m kon afleggen in 11 seconden.

Mario Del Vago and **Federico Fellini,** Amarcord
Harley-Davidson WL 750

Lou Reed

Larry Hagman
Vespa 200 Rally (1972)

Courteney Cox
Honda Shadow VT500C

Jay Leno

Bono Vox
Harley Davidson FXRTP Police

Larry Wilcox and **Erik Estrada** in "Chips"
Kawasaki Z1000

Sting in "Quadrophenia"
Lambretta Li 150 series 3

Diana Princess of Wales with **William** and **Harry**
BMW R80

Richard Gere in "An Officer and a Gentleman"
Triumph Bonneville T140E

Matt Dillon
Kawasaki KE 175

Sean Connery and **Harrison Ford** in "Indiana Jones and the Last Crusade"
Dniepr MT9

Paul Simonon, bass player for the Clash and **Steve Jones** guitarist for the Sex Pistols
Harley-Davidson FL Showelhead

Kyle MacLachlan
Custom-made Harley-Davidson

Johnny Hallyday
Harley-Davidson Softail Heritage

Design was the leitmotif of the 1990s, and the Pasadena Art Center College of Design was the hothouse that turned out Argentinean Miguel Galluzzi and American David Robb, a pair set to revolutionise the aesthetic of the motorcycle world. Galluzzi reinvented the motorcycle for Ducati, coming up with the Monster, the formidable precursor to a long line of so-called naked motorbikes. Colourful and macho, with a virile, brash voice orchestrated by two characteristic exhaust tips – often replaced by even noisier ones – the Monster was a motorbike that lent itself well to alterations and customisations. The challenge taken up by David Robb, who was appointed head of BMW Motorrad design, was a completely different one. The German manufacturer had sweeping ambitions to establish a presence in other sectors of the market and above all take on the monopoly of Japanese and American bike makers in the flourishing cruiser sector, which represented more than 50 percent of the American market of the day. Comfortable and chrome-clad, with docile engines and bags of appeal, the cruisers were the bikes of choice for Sunday riders who wanted to feel the wind in their hair and tour around at their leisure. With these buxom, cushy bikes it was easy to forget about the low slung weight, and fitted with a sissy bar, they were comfy for two. The R1200C was all this and more. Trusty and robust, as befitted a German-made bike, in terms of looks it was a knockout. The rounded, streamlined design looked shaped by the wind, with a sophisticated interplay of chrome and paint. Its strong point, however, was its enormous – but ultra-quiet – "boxer" engine, four-stroke, 1200 cc, with two cylinders. Robb's creation redefined the motorbike experience, enhancing it with sound: on the R1200C you can hear birdsong as you ride. Even the most adventurous could not resist the allure of this sensational motorcycle, and before it was released onto the market it was already a star, ridden by the charismatic Pierce Brosnan as James Bond in the film *Tomorrow Never Dies*. In 1995 an Italian bike set about challenging the status-quo of motorcycle design. Aprilia entrusted the its Moto 6.5 to the eccentric French designer Philippe Stark, but this bold move did not pay off, and the Moto went rapidly from prototype to collector's item. The reputation for the best design remained in Italy. Sergio Robbiano created the 916 for Ducati, a motorbike of unparalleled simplicity, beauty and sensuousness which won all the most prestigious design awards, as well as the Superbike championships.

Le design est le leitmotiv des années 90. Deux grands noms sont d'ailleurs issus du prestigieux Pasadena Art Center College of Design: l'italien Miguel Galluzzi et l'américain David Robb, qui ont tous deux révolutionné l'esthétique dans le monde de la moto. Galluzzi «réinvente» la moto pour Ducati, en mettant au point la Monster, formidable précurseur de la longue dynastie de ce que l'on appelle les motos «nues» (sans carénage). Colorée et masculine, avec une sonorité virile et bravache orchestrée par deux embouts d'échappement caractéristiques, souvent remplacés d'autres encore plus bruyants, la Monster est une moto qui se prête aux modifications et aux personnalisations. Le défi relevé par David Robb, nommé à la tête du département BMW Motorrad design, porte sur un tout autre registre. Nourrissant à l'époque de grandes ambitions, le fabricant allemand désire établir sa présence dans d'autres secteurs du marché, et par-dessus tout, ravir le monopole aux constructeurs de motos japonais et américains dans le secteur florissant des cruisers, qui représente alors plus de 50 pour cent du marché américain. Confortables et revêtues de chrome, avec leurs moteurs dociles et leur charisme magnifique, les cruisers sont des motos de choix pour les amateurs qui arpentent les routes le dimanche, cheveux au vent et pour leur plus grand plaisir. Ces motos agréables et plantureuses font aisément oublier le centre de gravissement bas, et avec leur sissy bar (dossier passager), elles offrent tout le confort nécessaire pour une balade à deux. La R1200C intègre toutes ces qualités et bien plus encore. Fiable et robuste, comme toute moto allemande qui se respecte, elle supplante toutes ses concurrentes en termes de look. Son design arrondi et épuré semble avoir été brossé par le vent, avec une interaction sophistiquée entre chrome et peinture. Son point fort reste cependant son énorme – mais ultrasilencieux – moteur «boxer» quatre temps, 1200cc, à deux cylindres. La création de Robb redéfinit l'expérience de la moto en améliorant nettement le confort sonore: à bord d'une R1200C, il est possible d'entendre le chant des oiseaux tout en roulant. Même les motocyclistes les plus aventureux ne peuvent résister à l'allure de cette moto sensationnelle: avant d'être commercialisée, elle est déjà élevée au rang de star, domptée par le charismatique Pierce Brosnan alias James Bond dans le film *Demain ne meurt jamais*. En 1995, une moto italienne entreprend de défier les canons esthétiques du secteur. Aprilia confie le design de sa moto 6.5 à l'excentrique et talentueux Philippe Stark, mais cet acte audacieux ne paie pas, et ce modèle passe rapidement du statut de prototype à celui de collector. La réputation du meilleur design reste en Italie. Sergio Robbiano crée la 916 pour Ducati, une moto d'une simplicité, d'une beauté et d'une sensualité incomparables, qui remporte les prix du design les plus prestigieux ainsi que les championnats de Superbike.

Design was het leidmotief van de jaren 1990, en het Art Center College of Design in Pasadena was de kweekvijver die ons Miguel Galluzzi en de Amerikaan David Robb opleverde, een duo dat een revolutie zou teweegbrengen in de esthetiek van de motorfietswereld. Galluzzi vond de motorfiets opnieuw uit voor Ducati, met zijn idee voor het Monster, de schitterende voorloper van een lange lijn zogenaamde "naakte" motorfietsen. Het kleurrijke en macho Monster, met een viriele, brutale stem, georkestreerd door twee typische uitlaatpijpen, die vaak vervangen werden door exemplaren die zelfs nog meer lawaai maakten, was een motorfiets die zich leende tot aanpassingen en personalisering. De uitdaging die David Robb, aangesteld als hoofd van de designafdeling van BMW Motorrad, aanging, was van een totaal andere orde. De Duitse fabrikant had grote ambities om zijn aanwezigheid te versterken in andere sectoren van de markt en dan vooral om het monopolie van de Japanse en Amerikaanse bouwers van motorfietsen te doorbreken in de bloeiende cruise-sector, die in die tijd meer dan 50 percent van de Amerikaanse markt vertegenwoordigde. De zeer aantrekkelijke, comfortabele, verchroomde cruisers met makke motoren, waren de uitverkoren modellen van de bikers die op zondag uit rijden gingen, die de wind in hun haren wilden voelen en voor hun plezier wilden rondtoeren. Bij deze weelderige, comfortabele motorfietsen was het gemakkelijk om het lage gewicht te vergeten en als ze werden voorzien van een sissybar, boden ze plaats voor twee. De R1200C was dit alles en meer. Hij was betrouwbaar en robuust, zoals kon worden verwacht van een in Duitsland gebouwde motor, en qua uiterlijk was hij oogverblindend. Het afgeronde, gestroomlijnde design zag eruit alsof het gevormd was door de wind, met een verfijnd spel van chroom en verf. Zijn sterke punt was echter zijn enorme - maar superstille – viertakt boxermotor van 1200 cc, met twee cilinders. De creatie van Robb herdefinieerde de motorervaring en voegde er geluid aan toe: op de R1200C kon je de vogels horen fluiten tijdens het rijden. Zelfs de meest avontuurlijk aangelegde bikers konden aan de allure van deze sensationele motorfiets niet weerstaan: nog voor hij op de markt werd gebracht, was hij al een ster, omdat hij bestuurd werd door de charismatische Pierce Brosnan als James Bond in de film *Tomorrow Never Dies*. In 1995 probeerde een Italiaanse motor de esthetische canon van de sector uit te dagen. Aprilia vertrouwde het ontwerp van zijn Moto 6.5 toe aan het excentrieke talent van Philippe Stark, maar deze gewaagde keuze leverde niets op en de Moto evolueerde snel van prototype tot verzamelobject. De reputatie voor het beste design bleef in Italië. Sergio Robbiano creëerde de 916 voor Ducati, een motorfiets met een niet te evenaren eenvoud, schoonheid en zinnelijkheid die alle prestigieuze designprijzen won, alsook de Superbike kampioenschappen.

The challenge of the 1990s was to break through the 186 mph (300 km/h) barrier. Japanese makers Honda and Suzuki above all competed for the record. In 1996 Honda debuted the CBR 1100XX Super Blackbird, named in honour of the fastest plane in the world, the Lockheed SR-71 Blackbird, but its top speed of 177 mph (285 km/h) just didn't seem to be fast enough. Two years later Suzuki put its gem on the road, and it was the Hayabusa, "peregrine falcon" in Japanese, that smashed the 186 mph (300 km/h) barrier. This motorcycle took not only the name of the world's fastest bird but also inspiration for the aerodynamic styling of the frontal part and tail section. The real secret of this lightning bolt, however, was its ultra-light bridged aluminium chassis complete with oscillating fork, ensuring better road holding and power control. The Hayabusa could do 0 to 60 mph (100 km/h) in under three seconds. While Suzuki won the speed challenge, Honda rose to the fore in terms of safety. In 1992 the Honda Pan European ST 1.100 mounted the first braking system with ABS, ensuring it did not lock on sudden braking. The following year saw CBS (Combined Brake System) fitted on a CBR 1000 F, a system which hydraulically balances the action of front and rear brakes, guaranteeing optimal stability. Lastly, in 1996 Honda mounted its ST 1100 Pan European with both ABS and CBS. These symbols and developments, like the wild-eyed glare of the Triumph Speed Triple's dual headlights, were the lasting legacy of those years. Acid green in its original look, and with its two headlights, the Triumph Speed Triple was a bike destined for greatness. The films *The Matrix* (1999), featuring Carrie-Anne Moss on a black Speed Triple T509, and *Mission Impossible II* (2000) with the unstoppable Tom Cruise on a 1999 model, the Triple 955i, confirmed its long-lasting appeal. At the start of summer 1998 the Guggenheim in New York opened the exhibition "The Art of the Motorcycle". The bikes exhibited chronicled a century about to close. "The motorcycle is a perfect metaphor of the twentieth century…the object and its history represent the themes of technology, engineering, innovations, design, mobility, speed, rebellion, desire, freedom, love, sex and death…a forbidden indulgence, an object of fascination, fantasy and danger. Park a Ducati, Harley, Honda or BMW on a street corner and a crowd will gather…" wrote director Thomas Krens in his introduction to the catalogue. The exhibition's runaway success confirmed the truth of his vision.

Le défi des années 90 consiste à dépasser le seuil des 300 km/h. Les fabricants japonais Honda and Suzuki se livrent un duel acharné en vue de battre ce record absolu. En 1996, Honda présente la CBR 1100XX Super Blackbird, dont le nom met à l'honneur l'avion le plus rapide au monde, le Lockheed SR-71 Blackbird. Toutefois avec une vitesse maximale de 285 km/h, elle s'avère ne pas être suffisamment rapide. Deux ans plus tard, Suzuki sort son véritable bijou, la Hayabusa, signifiant le « faucon pèlerin » en japonais, qui pulvérise quand à elle la barre des 300 km/h. Cette moto porte non seulement le nom de l'oiseau le plus rapide au monde, mais elle s'en inspire aussi pour le style aérodynamique de la partie frontale et de l'arrière. Le véritable secret de ce bolide réside néanmoins dans son châssis-pont en aluminium ultraléger et son bras oscillant, garantissant une meilleure tenue de route et un meilleur contrôle de la vitesse. La moto Hayabusa passe de 0 à 100 km/h en moins de trois secondes. Tandis que Suzuki accède à la suprématie en termes de vitesse, Honda se distingue au niveau de la sécurité. En 1992, la Honda Pan European ST 1.100 intègre le premier système de freinage ABS, excluant tout blocage lors d'un freinage brusque. L'année suivante, le système CBS (Combined Brake System ou Système de freinage combiné) apparaît sur une CBR 1000 F. Celui-ci répartit la pression hydraulique du freinage à l'avant et à l'arrière, ce qui offre une stabilité optimale. Enfin en 1996, Honda dote sa ST 1100 Pan European à la fois des systèmes ABS et CBS. Ces symboles et développements, à l'instar de la lumière éblouissante des doubles phares de la Triumph Speed Triple, sont les derniers héritages de cette décennie. Avec son look original vert acidulé et ses doubles phares, la Triumph Speed Triple est une moto vouée à un destin prestigieux. Des films cultes comme *Matrix* (1999), avec Carrie-Anne Moss sur une Speed Triple T509 noire, et *Mission Impossible II* (2000) mettant en scène l'infatigable Tom Cruise sur un modèle de 1999, la Triple 955i, la font entrer dans la légende. Au début de l'été 1998, le Guggenheim à New York inaugure l'exposition «The Art of the Motorcycle». Les motos exposées retracent l'histoire du siècle qui s'achève. «La moto est une métaphore parfaite du XXe siècle… l'objet et son histoire représentent les thèmes de la technologie, de l'ingénierie, de l'innovation, du design, de la mobilité, de la vitesse, de la rébellion, du désir, de la liberté, de l'amour, du sexe et de la mort… La moto incarne un plaisir interdit, un objet de fascination, de fantasme et de danger. Garez une Ducati, une Harley, une Honda ou une BMW au coin d'une rue et vous verrez une foule se rassembler…», écrit Thomas Krens dans l'introduction du catalogue. Le succès inouï de l'exposition auprès du public est en outre venu confirmer la pertinence de cette vision.

De uitdaging van de jaren 1990 was het doorbreken van de grens van 300 km/u. Vooral de Japanse bouwers Honda en Suzuki streden om het record. In 1996 stelde Honda de CBR 1100XX Super Blackbird voor, die genoemd was naar het snelste vliegtuig ter wereld, de Lockheed SR-71 Blackbird, maar zijn topsnelheid van 285 km/u bleek net niet snel genoeg te zijn. Twee jaar later bracht Suzuki zijn parel op de weg, en dat was de Hayabusa, "slechtvalk" in het Japans, die de grens van 300 km/u doorbrak. Deze motorfiets ontleende niet enkel zijn naam aan de snelste vogel ter wereld, maar ook de inspiratie voor de aërodynamische vormgeving van het frontale deel en van de staartsectie. Het echte geheim van deze bliksemschicht is echter het ultralichte aluminiumchassis, compleet met voorvork met verlengde achterbrug, die zorgt voor een betere wegligging en krachtcontrole. De Hayabusa ging in minder dan drie seconden van 0 naar 100 km/u. Terwijl Suzuki de snelheidswedstrijd won, trad Honda op de voorgrond op het gebied van de veiligheid. In 1992 werd op de Honda Pan European ST 1.100 het eerste remsysteem met ABS gemonteerd, dat ervoor zorgde dat de remmen niet blokkeerden bij een noodstop. Het volgende jaar werd een CBR 1000 F uitgerust met CBS (Combined Brake System), een systeem dat de actie op voor- en achterremmen hydraulisch in evenwicht houdt, wat een optimale stabiliteit garandeert. Tot slot voorzag Honda in 1996 zijn ST 1100 Pan European van zowel ABS als CBS. Deze symbolen en ontwikkelingen, zoals de wilde blik uit de twee koplampen van de Triumph Speed Triple, zijn de elementen die ons uit die periode bijblijven. Met zijn gifgroene kleur en originele look en met zijn twee koplampen was de Triumph Speed Triple een motor die ontworpen was voor grootse prestaties. Cultfilms zoals *the Matrix* (1999), met Carrie-Anne Moss op een zwarte Speed Triple T509, en *Mission Impossible II* (2000) met de onstuitbare Tom Cruise op een model uit 1999, de Triple 955i, droegen ertoe bij dat het model onvergetelijk werd. Bij het begin van de zomer van 1998 werd in het Guggenheim in New York de tentoonstelling "The Art of the Motorcycle" geopend. De motorfietsen die werden getoond, vertelden het verhaal van de eeuw die ten einde liep. "De motorfiets is een perfecte metafoor voor de 20ste eeuw… het object en de geschiedenis ervan vertegenwoordigen de thema's technologie, engineering, innovatie, design, mobiliteit, snelheid, rebellie, verlangen, vrijheid, liefde, seks en dood… een verboden pleziertje, een voorwerp van fascinatie, fantasie en gevaar. Parkeer een Ducati, Harley, Honda of BMW op de hoek van de straat en er komen mensen rond staan…" schreef Thomas Krens in de inleiding van de catalogus. Het overweldigende succes van de tentoonstelling bij het publiek bevestigde zijn visie.

Everett McGill and **James Marshall** in "Twin Peaks"
Harley-Davidson FL Showelhead

Keanu Reeves
Norton Commando 850

Mickey Rourke
Custom-made Harley-Davidson FXRS

Cher
Harley-Davidson Softail Heritage

Jennifer Patterson and **Clarissa Dickson**
Watsonian GP Jubilee Mounted on a Triumph Thunderbird

Ry Cooder and son **Joachim** in "Buena Vista Social Club"
Ural R71 Mystique

Arnold Schwarzenegger in "Terminator 2: Judgment Day"
Harley-Davidson Fat Boy

Pierce Brosnan and **Michelle Yeoh** in "Tomorrow Never Dies"
BMW R 1200 C

Gerard Depardieu
Suzuki GSF1200 Band

George Clooney and **Traylor Howard**
Indian Deluxe

Peter Fonda
Indian Chief

Nicolas Cage in "Captain Corelli's Mandolin"
Moto Guzzi SuperAlce 500

The arrival of the new millennium was a source of worry for many people: it looked like the millennium bug was about to herald an electronic apocalypse and bring the whole world to a standstill. At Ducati, however, they had faith in the power of the Internet and were ready to gamble on the new opportunities it had to offer. At the stroke of midnight the company launched the world's first motorcycle that could only be bought online, and was available in just 2,000 numbered pieces. The MH900e was a sporty motorbike with cutting-edge technical features but a retro look, an exclusive bike that won people over at first glance. An impressive 500 of the 2,000 numbered pieces were snapped up in the first half hour of the new millennium: one look at the screen, and wish fulfilment in a click. Rapidity and exclusivity with a pinch of nostalgia were to characterise the motorbikes of the future. In 2008 Angelina Jolie spent 100,000 USD on a Harley-Davidson Shovelhead for Brad Pitt, and she forked out more than 120,000 USD the following year on a birthday present that would leave the actor open-mouthed: an as yet unreleased Ducati, the Monster 1100S Titanium. Personalised, luxury motorbikes became a must for stars and celebrities, and not everyone was willing to wait for their birthday to get one. In 2005 Paris Hilton treated herself to a 250,000 USD chopper. With 100,000 Swarovski crystals sparkling on its pink tank, it came complete with a sat nav system and its tank cover concealed a mirror for her to freshen up her make-up. Those were golden years for the "customisers", producers of one-off or limited-edition bikes with dizzying price tags. President of West Coast Choppers, a leading company in the sector, Jesse James, also known as Sandra Bullock's husband, is a craftsman of luxury on wheels who manages to bring his wealthy clients' wildest dreams to life. Vintage-looking bikes were all the rage, as evinced by Ducati's prophetically launched MH900e, the design of which recalls the motorbike that Mike Hailwood won the Isle of Man TT on in 1978. In 2001 Triumph started making the legendary Bonneville again, while at the end of 2005 Ducati launched the SportClassic range, a triad of models that looked like something out of a *Joe Bar Team* comic. The new millennium also set the seal on the naked motorcycle boom. Two models in particular, the MV Agusta Brutale (2001) and the Bimota Delirio (2005), were outstanding representatives of the sector, where technical evolution and aesthetic research were now of the highest calibre.

L'arrivée du nouveau millénaire est une source d'inquiétude pour de nombreuses personnes: tout porte effectivement à croire que le passage au nouveau millénaire va être synonyme de bug et d'apocalypse électronique, plongeant le monde entier dans la paralysie la plus totale. Toutefois, Ducati est persuadé de la stabilité de l'Internet et mise déjà sur les nouvelles opportunités que la Toile peut offrir. Sur le coup de minuit, la société lance la première moto au monde dont l'acquisition ne peut se faire qu'en ligne. Qui plus est, seuls deux mille exemplaires numérotés de ce modèle sont disponibles. La MH900e est une sportive dotée de fonctionnalités techniques de pointe, mais affichant un look rétro. Il s'agit d'une moto exclusive qui séduit son public dès le premier coup d'œil. 500 des 2000 pièces numérotées s'arrachent dès la première demi-heure du nouveau millénaire: un regard sur l'écran et le rêve devient réalité en un clic de souris. Rapidité et exclusivité teintées d'une pointe de nostalgie vont caractériser les motos de l'avenir. En 2008, Angelina Jolie dépense 100 000 dollars pour une Harley-Davidson Shovelhead qu'elle offre à son mari, et l'année suivante, elle débourse plus de 120 000 dollars pour un cadeau d'anniversaire laissant Brad Pitt sans voix: une Ducati encore non distribuée, la Monster 1100S Titanium. Les motos luxueuses et personnalisées deviennent un must pour les stars et les célébrités, dont certaines ne veulent d'ailleurs pas toujours attendre leur anniversaire pour recevoir l'objet de leur rêve. En 2005, Paris Hilton s'offre un chopper pour la modique somme de 250 000 dollars. La moto est dotée d'un système de navigation par satellite, son réservoir de couleur rose est incrusté de 100 000 cristaux de Swarovski, et last but not least, le couvercle de celui-ci dissimule un miroir pour que sa propriétaire puisse rafraîchir son maquillage à tout moment. Cette décennie fait la part belle aux «customisers», aux fabricants de motos uniques ou tirées en édition limitée, et dont les prix donnent le vertige. Président de West Coast Choppers, une société leader de ce secteur, en plus d'être le mari de l'actrice Sandra Bullock, Jesse James est l'artisan de luxueux deux-roues dont l'objectif est de réaliser les rêves les plus fous de ses clients fortunés. Les motos au look vintage font fureur, comme la MH900e ingénieusement commercialisée par Ducati, et dont le design rappelle la moto avec laquelle Mike Hailwood remporte les épreuves TT sur l'île de Man en 1978. En 2001, Triumph reprend la production de la légendaire Bonneville, tandis qu'à la fin de l'année 2005, Ducati sort la gamme SportClassic, une triade de modèles qui semblent sortis tout droit de la bande dessinée *Joe Bar Team*. Le nouveau millénaire consacre donc le boom des motos nues (non carénées). Deux modèles en particulier, la MV Agusta Brutale (2001) et la Bimota Delirio (2005), sont remarquablement représentatifs du secteur, où l'évolution technique et la recherche esthétique atteignent désormais des sommets.

De komst van het nieuwe millennium was een bron van ongerustheid voor velen: het leek alsof de millenniumbug een elektronische Apocalyps teweeg zou brengen en de wereld zou doen stilstaan. Bij Ducati had men echter vertrouwen in de soliditeit van het internet en was men klaar om te gokken op de nieuwe kansen die het te bieden had. Klokslag middernacht lanceerde het bedrijf de eerste motorfiets ter wereld die alleen online te koop was, en waarvan slechts tweeduizend genummerde exemplaren beschikbaar waren. De MH900e was een sportieve motor met geavanceerde technische snufjes, maar met een retro look, kortom een exclusieve motorfiets waar iedereen bij de eerste aanblik voor viel. Het eerste half uur van het millennium werd een indrukwekkend aantal van de 200 genummerde exemplaren verkocht: één blik op het scherm en een wens die in vervulling kon gaan met slechts één muisklik. Snelheid en exclusiviteit met een vleugje nostalgie waren de kenmerken van de motorfietsen van de toekomst. In 2008 gaf Angelina Jolie 100.000 dollars aan een Harley-Davidson Shovelhead voor Brad Pitt, en ze hoestte het jaar nadien nog eens meer dan 120.000 dollar op voor een verjaardagsgeschenk waar de mond van de acteur van zou openvallen: een onuitgegeven Ducati, de Monster 1100S Titanium. Gepersonaliseerde luxemotors werden een must voor sterren en beroemdheden die niet noodzakelijk wilden wachten tot ze jarig waren om er één te krijgen. In 2005 trakteerde Paris Hilton zichzelf op een chopper van 250.000 dollar. Op de roze tank waren 100.000 schitterende Swarovski-kristallen ingelegd, er was een satellietnavigatiesysteem voorzien, en in het deksel van de tank was een spiegel verwerkt zodat ze haar make-up kon bijwerken. Dit waren gouden tijden voor de "customisers", producenten van unieke of beperkte edities motorfietsen met duizelingwekkende prijskaartjes. De president van West Coast Choppers, een toonaangevend bedrijf in de sector, Jesse James, tevens gehuwd met Sandra Bullock, is een ambachtsman op het vlak van luxe op wielen, die er in slaagt de dromen van zijn rijkste klanten tot leven te brengen. Motorfietsen met een vintage look waren erg in trek, zoals blijkt door de profetisch gelanceerde MH900e van Ducati, die herinnert aan de motor waarmee Mike Hailwood in 1978 de Isle of Man TT won. In 2001 begon Triumph de legendarische Bonneville opnieuw te maken, terwijl Ducati eind 2005 het SportClassic-gamma lanceerde, een triade modellen die eruit zagen als iets uit een *Joe Bar Team* strip. Het nieuwe millennium maakte ook een einde aan de opmars van de naakte motorfiets. Twee modellen in het bijzonder, de MV Agusta Brutale (2001) en de Bimota Delirio (2005), waren uitmuntende vertegenwoordigers van de sector, waar technische evolutie en esthetisch design nu van het grootste kaliber waren.

Rodrigo De La Serna and **Gael García Bernal** in "The Motorcycle Diaries"
"la Poderosa" Norton 500 M18

In 2000 a new speed record was set by the futuristic MTT Turbine Superbike, which was equipped with a helicopter gas turbine capable of delivering 320 hp and getting up to a speed of 226 mph (365 km/h). But the true challenge of the period was not just speed, but the quest for a new equilibrium. Loaded down with catalytic converters installed to limit polluting emissions, makers were obliged to reduce weight and rethink their product, exploiting nanotechnology and the lightness of high tech materials. In 2007 Aprilia launched its first motorbike with automatic gears, the Mana, and in the same year it also released the Shiver, the first bike to feature drive by wire technology, a wireless accelerator borrowed from the systems employed in fighter planes. In 2008 Ducati fitted a production model, the 1098 – its latest masterpiece – with Ducati Traction Control (DTC), a system that prevents the driving wheel skidding. A control unit is entrusted with the task of temporarily reducing speed until optimum grip is restored: basically a bike with a high-tech heart. Some went even further, not riding their bikes but literally taking flight. In April 2010, on his Honda 500, Robbie Maddison jumped 279 feet (60 metres) across the Corinth Canal, reliving for a moment the legend of Perseus on his winged horse. It was a world record that almost made the awesome feats of another incredible champion jumper, Seth Enslow, pale in significance. In Barangaroo in Australia, Enslow, an American with a piercing gaze and tattoo-covered body, leapt 183 feet (56 metres) between two ramps on a Harley Davidson XR1200 modified a month previously. The tension in the air was reminiscent of the undertakings of the unforgettable Evel Knievel. But the truly unforgettable rider of this decade is not just a great champion, winning over and over again, but a special rider of great talent, courage and outstanding technical prowess. Valentino Rossi is all this and more. Nine titles, including four consecutive ones, but with a different style of winning. At the end of each race, just after easing off the accelerator, Valentino becomes a youngster once more, just like those who watch him race, exhibiting a playfulness alongside his great passion for motorbikes. A guy who tears along at 186 mph (300 km/h) and then clowns around, standing on his bike, bursting with glee and contagious mirth. Thanks to Valentino the motorbike hall of fame has a new champion, a champion who is also a star that the big screen cannot but envy.

En 2000, un nouveau record de vitesse est établi par la futuriste MTT Turbine Superbike, dotée d'une turbine d'hélicoptère capable de délivrer 320 chevaux et d'atteindre une vitesse de 365 km/h. Mais le véritable défi durant cette période n'est pas seulement la vitesse, mais aussi la recherche d'un nouvel équilibre. Du fait de l'installation de catalyseurs destinés à limiter l'émission de polluants, les fabricants de motos se voient contraints de réduire le poids des véhicules et de repenser leur produit, en exploitant la nanotechnologie et la légèreté des matériaux high tech. En 2007, Aprilia lance son premier modèle automatique, la Mana, et la même année, il sort également la Shiver, la première moto à bénéficier d'un système de contrôle d'ouverture des gaz par gestion électronique appelée «Ride-by-wire», un accélérateur sans câble emprunté aux systèmes utilisés dans les avions de combat. En 2008, Ducati dote un modèle de production, la 1098R – son dernier chef-d'œuvre – du Ducati Traction Control (DTC), un système destiné à empêcher tout dérapage de la roue motrice. Une unité de contrôle est chargée de réduire temporairement la vitesse jusqu'au rétablissement d'une adhérence optimale : il s'agit d'une moto dont l'âme rime fondamentalement avec high tech. Certains vont même encore plus loin, ne se contentant pas de conduire leur engin mais lui faisant littéralement prendre son envol. En avril 2010, sur sa Honda 500, Robbie Maddison effectue un saut de 279 pieds (+/- 85 mètres) au-dessus du canal de Corinthe, ressuscitant le temps d'un instant le mythe de Persée sur son cheval ailé, Pégase. Ce record du monde vient, pour ainsi dire, reléguer au second plan les exploits impressionnants d'un autre champion incroyable de saut, Seth Enslow. À Barangaroo, en Australie, Enslow, un Américain au regard perçant et au corps recouvert de tatouages, accomplit un saut de 56 mètres entre deux rampes sur une Harley Davidson XR1200, modifiée un mois auparavant. La tension palpable n'est pas sans rappeler les audaces de l'inoubliable Evel Knievel. Mais le motocycliste véritablement inoubliable de cette décennie n'est pas seulement un grand champion, remportant victoire sur victoire, et un pilote courageux au talent exceptionnel et aux prouesses techniques remarquables. Valentino Rossi est bien plus que cela. Malgré ses neuf titres de champion du monde, dont quatre consécutifs, il incarne un style de vainqueur différent. À la fin de chaque course, tout de suite après avoir relâché l'accélérateur, Valentino redevient un jeune homme de son âge, à l'instar de ceux qui aiment le voir concourir, voire le garçon que tout passionné de motos aurait voulu être. Un jeune gaillard qui file à vive allure à 300km/h et fait ensuite le pitre, debout sur sa moto, débordant de joie et d'une hilarité contagieuse. Grâce à Valentino, le panthéon de la moto possède désormais un nouveau champion, mais aussi une star que le grand écran ne peut que lui envier.

In 2000 werd een nieuw wereldrecord gevestigd door de futuristische MTT Turbine Superbike, die uitgerust was met de gasturbine van een helikopter en die 320 pk kon ontwikkelen en een snelheid haalde van 365 km/u. De echte uitdaging van die periode was niet enkel snelheid, maar de zoektocht naar een nieuw evenwicht. Doordat katalysators geïnstalleerd moesten worden om de verontreinigende uitlaatgassen te beperken, waren de fabrikanten verplicht het gewicht te verlagen en hun product aan te passen, gebruik makend van de nanotechnologie en de lichtheid van hoogtechnologische materialen. In 2007 lanceerde Aprilia zijn eerste motorfiets met automatische versnellingen, de Mana, en in hetzelfde jaar bracht het ook de Shiver uit, de eerste motor uitgerust met de "drive-by-wire" technologie, een draadloos systeem voor gas geven, geleend van de gevechtsvliegtuigen. In 2008 rustte Ducati een productiemodel, de 1098R – zijn jongste meesterwerk – uit met Ducati Traction Control (DTC), een systeem dat wielspin tegengaat. Een regelapparaat heeft de taak de snelheid tijdelijk te verlagen tot de optimale grip hersteld is: in feite heeft deze motor een hoogtechnologisch hart. Sommigen gingen zelfs verder en reden niet met hun motor, maar vlogen letterlijk door de lucht. In april 2010 sprong Robbie Maddison, met zijn Honda 500, over het 85 meter brede kanaal van Korinthe, waarbij hij even de legende van Perseus op zijn gevleugelde paard deed herleven. Het was een wereldrecord dat zelfs de meest ontzagwekkende stunts van een andere ongelooflijke kampioenspringer, Seth Enslow, deed verbleken. In Barangaroo in Australia sprong Enslow, een Amerikaan met een priemende blik en een lichaam vol tatoeages, 56 meter tussen twee schansen op een Harley-Davidson XR1200, die een maand eerder aangepast werd. De spanning in de lucht herinnerde aan de fratsen van de onvergetelijke Evel Knievel. De echte onvergetelijke motorrijder van dit decennium is niet alleen een groot kampioen, die altijd opnieuw de overwinning behaalt, maar ook een speciaal, moedig, zeer getalenteerd piloot, met uitstekende technische kennis. Valentino Rossi is dit alles en veel meer. Hij behaalde negen titels, waarvan vier opeenvolgend, maar allemaal op een verschillende manier. Aan het einde van elke race, net na het lossen van de gashendel, wordt Valentino weer een jongen, net als diegenen die naar hem kijken, of de man die iedereen met een passie voor motorfietsen zou willen zijn. Een man die tegen 300 km/u voorbij scheurt en kunstjes uithaalt, op zijn motor gaat staan, vrolijk en met een aanstekelijke lach. Dankzij Valentino heeft de "hall of fame" van de motorrijders een nieuwe kampioen, én een ster waar het grote witte doek alleen maar jaloers op kan zijn.

CYCLE CLUB

Lauren Hutton
BMW F650GS

Drew Barrymore, Cameron Diaz and **Lucy Liu** in "Charlie's Angels: Full Throttle"

Angelina Jolie and **Gerard Butler** in "Tomb Raider: the Cradle of Life"
Yamaha TRX850

Halle Berry in "Catwoman"
Ducati Monster S4

Custom-made Harley-Davidson WLA 750

Laurence Fishburne in "CSI"
BMW K1200R

Queen Latifah
Suzuki GSX1300R Hayabusa

Harley-Davidson Road King

Toni Braxton
Suzuki GSX-R 750 (1996)

Charley Boorman
BMW R 1150 GS Adventure

Ewan McGregor
BMW R 1150 GS Adventure

Michael Schumacher
Harley-Davidson VRSCAW V-ROD 100 anniversary

The Duke of Edinburgh
Homda Dax ST70

Prince Harry
Honda CB125s0

Tom Cruise and **Katie Holmes**
Honda Valkyrie Rune 1800

Ajay Devgan and **Simran**
Yamaha Libero

Brad Pitt and **Angelina Jolie**
Yamaha Nouvo RC →

Kid Rock and **Pamela Anderson**
Custom-made Bobber built by West Coast Choppers

Bruce Willis and **Sylvester Stallone**
Orange County Choppers custom-made motorbikes, (left) the "Patriot Chopper"

Paris Hilton and **Nicole Richie**
Custom-made Harley-Davidson Softail

John Travolta
Harley-Davidson FLSTFSE Fat Boy Screaming Eagle

Russell Crowe
Rabbitohs themed motorcycle
custom built by Orange County Choppers

Daniel Craig in "Quantum of Solace"
Montesa Cota 4RT 250

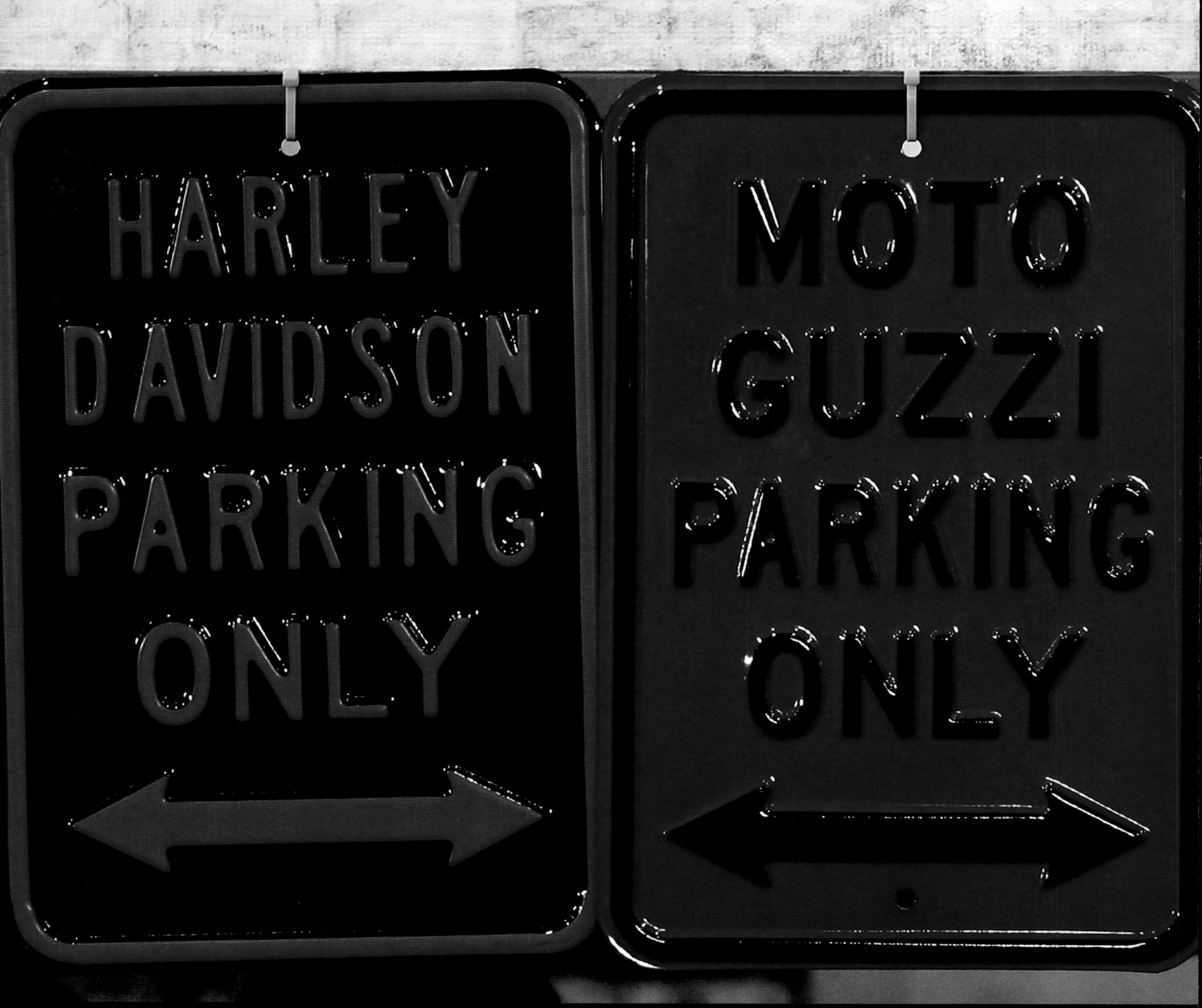
HARLEY
DAVIDSON
PARKING
ONLY
MOTO
GUZZI
PARKING
ONLY

YAMAHA PARKING ONLY
←——————→
ALL OTHERS WILL BE CRUSHED

DUCATI PARKING ONLY
←——————→
ALL OTHERS WILL BE CRUSHED

Jeremy Irons
BMW R 1200 RT

Valentino Rossi
Yamaha YZR-M1

Prince William
Ducati 1198s

Viggo Mortensen in "Eastern Promises"
Ural

Brad Pitt
C.F.L. custom-made Bobber built by West Coast Choppers

Seth Enslow

Robbie Maddison
custom-built Honda CR500

A fleet of vehicles en route to a party in a scene from 'La Dolce Vita',
directed by Federico Fellini.

Photo by
© Georges Pierre/Sygma/Corbis

Marlon Brando, as Johnny Strable, leads the Black Rebels motorcycle
gang in The Wild One.
Photo by © John Springer Collection/CORBIS

Photo by
© Everett Collection

Photo by
Ullstein Bild/Archivi Alinari,
Firenze

Photo by
© Bettmann/Corbis

Photo by
Reporters Associati

Photo by
Reporters Associati

Man on Ducati 350 motorbike on
the Fontana dei Cavalli Marini, at
the Villa Borghese, and Veruschka
wearing black and white striped
cire raincoat by Fabiani.
Photo by © Condé Nast Archive/
Corbis

Photo by
© Roger-Viollet /Archivi Alinari,
Firenze

Photo by
Carlo Bavagnoli//Time Life
Pictures/Getty Images

Photo by
Reporters Associati

Photo by
Stephan C. Archetti/Keystone
Features/Getty Images

Photo by
Express Newspapers/
Hulton Archive/Getty Images

Photo by
Archive Photos/Getty Images

Photo by
© Bettmann/Corbis

Photo by
Reg Lancaster/Express/
Getty Images

Photo by
© Cat's Collection/Corbis

Photo by
United Artists/Album/Contrasto

Photo by
Everett Collection

Photo by
Archives photos/Getty Images

Photo by
© Douglas Kirkland/Corbis

Photo by
PA/HIP/TopFoto/Archivi Alinari, Firenze

Photo by
© Tramonto/Contrasto

Photo by
© 20thCentFox/Everett Collection

Photo by
Everett Collection

Photo by
Max B. Miller/Fotos International/
Getty Images

Photo by
©American Broadcasting
Companies, Inc./Getty Images

Photo by
©American Broadcasting
Companies, Inc./Getty Images

Photo by
© Neal Preston/Corbis

Stuntman Evel Knievel jumps
15 cars in San Francisco's cow
palace. Evel Knievel lost control
and broke his left ankle.
Photo by
© Bettmann/Corbis

Photo by
© Ron Galella

Photo by
Warner Bros./Fotos International/
Getty Images

Photo by
Ullstein Bild/Kocian/Archivi Alinari, Firenze

Photo by
Heinz Kluetmeier/Sports
Illustrated/Getty Images

Photo by
Leonard de Raemy/Sygma/Corbis

Photo by
© Ron Galella

Photo by
Archives photos/Getty Images

Photo by
Time & Life Pictures/Getty Images

Photo by
© Richard Melloul/Sygma/
Corbis

Photo by
Bob Thomas/Getty Images

Photo by
© Imperial Iranian Archives/ Ullstein Bild/
Archivi Alinari, Firenze

Photo by
Fin Costello/Redferns/
Getty Images

Photo by
Estate Of Keith Morris/Redferns/
Getty Images

Photo by
© Neal Preston/Corbis

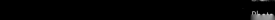

Photo by

Photo by

Photo by

Photo by
Reporters Associati

Photo by
Reporters Associati

Photo by
Hulton Archive/Getty Images

Photo by
© World Northal/
Everett Collection

Photo by
© UPP/TopFoto /Archivi Alinari,
Firenze

Photo by
Paramount Pictures/Album/
Contrasto

Photo by
© Walt Disney Co./
Everett Collection

Photo by
Lucas film LTD/Paramount/Album/Contrasto

Photo by
Richard Foreman © TopFoto /
Archivi Alinari, Firenze

Photo by
© Neal Preston/Corbis

Photo by
Ross Land/Getty Images

Photo by
© Steve Starr/Corbis

Photo by
Lucky Mat Corp/Online USA/Getty Images

Photo by
Matthew Peyton/Getty Images

Photo by
Chris Weeks/Liaison/
Getty Images

Photo by
© Yannis Kontos/Sygma/Corbis

Photo by
© Tony Korody/Sygma/Corbis

Photo by
© Neal Preston/Corbis

Photo by
© Bonnie Schiffman/Corbis

Photo by
© Neal Preston/Corbis

Photo by
Universal Pictorial Press Photo © TopFoto/Archivi Alinari, Firenze

Photo by
© Lynn Goldsmith/Corbis

Photo by
© Christian Simonpietri/Sygma/
Corbis

Photo by
© Georges Pierre/Sygma/Corbis

Photo by
©1990 CBS Broadcasting Inc.
CBS Photo Archive.

Photo by
© Ron Galella

Jennifer Patterson and Clarissa
Dickson work together in
Two Fat Ladies, a cooking
show on the Food Network.
Photo by
© John Garrett/Corbis

Photo by
Tornasol Films/Album/Contrasto

Photo by
© Aaron Rapoport/Corbis

Photo by
© Corbis SYGMA

Photo by
© Luc Roux/Corbis

Photo by
Focus Features/Album/Contrasto

Photo by
David Waite/Newsmakers/
Getty Images

Mandatory film credit:
Columbia Pictures 2003 © TopFoto/Archivi Alinari, Firenze

Photo by
Paramount Pictures/Album/
Contrasto

Photo by
Warner Bros. Picture/Album/
Contrasto

Photo by
© David Siegel /Transtock/
Corbis

Photo by
John Chiasson/Pro Magazine/
Liaison/Getty Images

Photo by
by Monty Brinton/CBS
via Getty Images

Photo by
Michael Caulfield/WireImage

Photo by
Mark Thompson/Getty Images

Photo by
Julian Finney/Getty Images

Prince Harry tries to start an
abandoned motorcycle in the
desert on February 21, 2008 in
Helmand Province, Afghanistan.
Photo by
Pool/Anwar Hussein Collection/
WireImage

Photo by
Getty Images

Photo by
STR/AFP/Getty Images

Photo by
GABRIEL BOUYS/AFP/
Getty Images

Photo by
COP/BuzzFoto/FilmMagic

Photo by
Scott A. Miller/Getty Images

Photo by
Album / CONTRASTO

Photo by
Dean Mouhtaropoulos/Getty Images

Photo by
© Focus Features/
Everett Collection

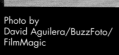

Photo by
David Aguilera/BuzzFoto/
FilmMagic

US freestyle motocross legend
Seth Enslow relaxes after
breaking the longest distance
record jump on a Harley-
Davidson.
Photo by

Robbie Maddison performing a
jump over the 279-feet (85-mt) wide
Corinth Canal on April 8, 2010.
Photo by
VALERIE GACHE/AFP/
Getty Images

Photo by
© Peter Turnley/Corbis

Photo by
Jeff Vinnick/Getty Images

Photo by
© Nick Vaccaro/Corbis

Ewan McGregor rides into Battery Park after completing a 20,000 mile motorcycle expedition around the world with fellow actor Charley Boorman.
Photo by Paul Hawthorne/Getty Images

Photo by
AFP PHOTO

Photo by
Frazer Harrison/Getty Images

Photo by
Bennett Raglin/WireImage

Photo by
Bandphoto/Uppa.co.uk /TopFoto
/Archivi Alinari, Firenze

Photo by
Quinn Rooney/Getty Images

Photo by
Mark Von Holden/Getty Images

Photo by
© HOCH ZWEI/NewSport/Corbis

Photo by
Indigo/Getty Images

Tectum Publishers of Style

© 2010 Tectum Publishers NV
Godefriduskaai 22
2000 Antwerp
Belgium
p. +32 3 226 66 73
f. +32 3 226 53 65
info@tectum.be
www.tectum.be

ISBN: 978-90-7976-14-49
WD: 2010/9021/16
(107)

Edited and designed by PICOpublications Milano
www.picopublications.com
Design and Layout © PICOpublications Milano 2010
Text © PICOpublications Milano 2010
Editor Mariarosaria Tagliaferri
Introduction Michele Marziani
Texts Michele Fossi
Layout and Typesetting Maurizio Grassi
Translators Anna Carruthers, Aria Cabot **English**/ Anne Balbo **French**/ Marleen Vanherbergen **Dutch**

Printed in China

SPECIAL THANKS

Nicolas Domenique, Massimo Panigatti, Irene Bulgari, Pacherre Omonte, Claudio Bassi, Elisabeth Haas, Valerio Boni,
Danilo Ruggiero, Mario Lazzaroni, Marzia Ogna, Antonello Iannone, Filippo Falsaperla, Andrea Vadalà, Massimo Donizelli,
Paolo Perversi, Massimo Bonsignori, Marco Salzotto, Roberto Capaldo, Dario Digeronimo.

MOTORCYCLES

Excelsior (1931)/ Norton Manx 500/ MV Agusta 350 (1957)/ Triumph Thunderbird 650/ Ariel Square Four 1100/ Triumph TR5 Trophy/ Vespa 125 (1958)/
Vespa 150 (1956)/ Vespa 125 (1951)/ Vespa 150 (1961)/ Gilera Giubileo 150 Sport/ Ducati 350 SSS Scrambler/ Vespa GS 150 (1957)/
Triumph Bonneville T120/ Honda Superhawk 350/ Triumph TR6/ Harley-Davidson FL Hydra Glide/ Vespa 90 (1963)/ BSA Gold Star Clubman's/
Triumph Bonneville/ Harley–Davidson Duo Glide/ Triumph T100C Tiger/ Harley-Davidson Sportster customised/ Motobecane Z26C/
Harley–Davidson WL 750 customised/ Honda CB 750 Four/ Norton 750 Atlas/ Honda Sport 50/ Harely-Davidson "Captain America" Chopper/
Harley–Davidson "The Billy Bike" Chopper/ Honda ATC90/ Husqvarna 400 cross/ Ducati Cadet 100/ CZ 250 MX Side Pipe/ MV Augusta 500/ Jawa 350/
Yamaha DT01 Scrambler/ Harley–Davidson Shovelhead custom-made Chopper/ Honda Z50 Mini Trail/ BMW R60/2, Suzuki RM 250/ Honda XL 185 S/
Harley–Davidson XR 750/ Honda CB 750 Four/ Honda ATC/ Honda Cub 50/ Harley-Davidson Sportser "Iron Head" Chopper custmised/ Ossa M.A.R. 250/
BMW R 1000 RT/ Harley-Davidson HDWL customised/ Suzuki TM 75/ Honda 125TLS Trial Bial/ Honda CM400A customised Vetter Fairing/
Garelli Rekord/ Moto Guzzi SuperAlce 500/ Harley-Davidson WL 750/ Vespa 200 Rally (1972)/ Honda Shadow VT500C/ Harley-Davidson FXRTP-Police/
Kawasaki Z1000/ Lambretta Li150 series 3/ BMW R80/ Triumph Bonneville T140E/ Kawasaki KE 175/ Dniepr MT9/ Harley-Davidson FL Shovelhead/
Harley-Davidson Softail Heritage/ Norton Commando 850/ Harley-Davidson FXR5 customised/ Harley-Davidson FXST Softail/
Watsonian GP Jubilee on a Triumph Thunderbird/ Ural R71 Mystique/ Harley-Davidson Fat Boy/ BMW R 1200C/ Suzuki GFS 1200 Bandit/ Indian Deluxe/
Indian Chief/ Norton 500 M18/ BMW F650GS/ Yamaha YZ250/ Yamaha TRX850/ Ducati monster S4/ Harley-Davidson WLA 750 customised/
WCC Bobber/ BMW K1200R/ Suzuki GSX1300R Hayabusa/ Harley-Davidson Road King/ BMW R 1150RT/ Suzuki GSX-R 750 (1996)/
BMW R 1150 GS Adventure/ Harley-Davidson VRSCAW V-ROD 100 Anniversary/ Honda Dax ST70/ Honda CB125s0/ Honda Valkyrie Rune 1800/
Yamaha Libero/ Yamaha Nouvo RC/ WCC Bobber/ OCC Chopper/ OCC "Patriot Chopper"/ Harley-Davidson Softail customised/
Harley-Davidson FLSTFSE Fat Boy Screaming Eagle/ OCC Rabbithos themed motorcycle/ Montesa Cota 4RT 250/ Fast50- Honda/
BMW R 1200 RT/ Yamaha YZR-M1/ Ducati 1198s/ Ural/ WCC Bobber CFL customised/ custom-built Honda CR500.

STARS

Ray Amm/ John Surtees/ Marlon Brando/ Clark Gable/ James Dean/ Mamie Van Doren/ Louis Miguel Dominguin/ Lucia Bosé/
Audrey Hepburn/ Domenico Modugno/ Anna Magnani/ Veruschka/ Charlton Heston/ Stephen Boyd/ Bob Dylan/ Elvis Presley/
Steve McQueen/ James Garner/ James Coburn/ Johnny Hallyday/ Elsa Martinelli/ Ursula Andress/ Jane Asher/ Paul McCartney/ Geffrey Holder/
Ann Margret/ The Rolling Stones/ Jean Paul Belmondo/ Brigitte Bardot/ Françoise Hardy/ Alain Delon/ Telly Savalas/ George Lazenby/
Dean Martin/ Dennis Hopper/ Peter Fonda/ Sean Connery/ Mireille Darc/ Paul Newman/ Giacomo Agostini/ Donald Sutherland/
Robert Redford/ Lauren Hutton/ Sammy Davis Jr/ Cher/ Barbra Streisand/ The Jackson Five/ Sheila/ Jacqueline Smith/ Ron Howard/
Henry Winkler/ Marvin Gaye/ Even Knievel/ Warren Beatty/ Clint Eastwood/ Shah Reza Palhavi/ Empress Farah Diba/ Prince Reza/ Bob Welch/
Joe Dallesandro/ Jane Birkin/ Joanna Lumley/ Barry Sheene/ Lesley Shepherd/ David Bowie/ Prince/ Princesse Stephanie of Monaco/
Crown Prince Albert of Monaco/ Marcello Mastroianni/ Jole Silvani/ Federico Fellini/ Mario Del Valgo/ Lou Reed/ Larry Hagman/ Courteney Cox/
Jay Leno/ Bono Vox/ Erik Estrada/ Larry Wilcox/ Sting/ Diana Princess of Wales/ Prince William of Wales/ Prince Henry of Wales/ Paul Stanley/
Ian Gillan/ Richard Gere/ Matt Dillon/ Harrison Ford/ Bill Murray/ Lorraine Newman/ Gilda Radner/ Paul Simonon/ Steve Jones/ Kyle MacLachlan/
Everett McGill/ James Marshall/ Keanu Reeves/ Mickey Rourke/ Jon Bon Jovi/ Ian Anderson/ Russell Gilmer/ Jennifer Patterson/ Clarissa Dickson/
Ry Cooder/ Joachim Cooder/ Arnold Schwarzenegger/ Pierce Brosnan/ Michelle Yeoh/ Gerard Depardieu/ George Clooney/ Traylor Howard/
Billy Joel/ Nicolas Cage/ Rodrigo De La Serna/ Gael Garcia Bernal/ Drew Barrymore/ Cameron Diaz/ Lucy Liu/ Angelina Jolie/
Gerard Butler/ Halle Berry/ Shaquille O'Neal/ Laurence Fishburne/ Queen Latifah/ Antonio Banderas/ Tony Braxton/ Charley Boorman/
Ewan McGregor/ Michael Schumacher/ The Duke of Edimburgh/ Tom Cruise/ Katie Holmes/ Ajay Devgan/ Simran/ Brad Pitt/
Kid Rock/ Pamela Anderson/ Bruce Willis/ Sylvester Stallone/ Paris Hilton/ Nicole Richie/ John Travolta/ Hugh Laurie/ Daniel Craig/
Russel Crowe/ Pink/ Jeremy Irons/ Valentino Rossi/ Viggo Mortensen/ Seth Enslow/ Robbie Maddison.

Identifying the brand models of the motorcycles on these pages has not always proved to be possible.
Suggestions or ideas for more exact identification will be welcome at the following e-mail address info@picopublications.com.